轨道交通机电安装及轨道工程施工标准化手册

张付林　刘建军　魏军　石雷　何山　主编

中国建材工业出版社

图书在版编目（CIP）数据

轨道交通机电安装及轨道工程施工标准化手册/张付林等主编. --北京：中国建材工业出版社，2020.12
ISBN 978-7-5160-3010-3

Ⅰ.①轨… Ⅱ.①张… Ⅲ.①城市铁路—轨道交通—机电设备—设备安装—标准化—手册 ②城市铁路—轨道（铁路）—工程施工—标准化—手册 Ⅳ.①U239.5-65

中国版本图书馆 CIP 数据核字（2020）第 136484 号

轨道交通机电安装及轨道工程施工标准化手册
Guidao Jiaotong Jidian Anzhuang ji Guidao Gongcheng Shigong Biaozhunhua Shouce
张付林 刘建军 魏军 石雷 何山 主编

出版发行：中国建材工业出版社
地　　址：北京市海淀区三里河路 1 号
邮　　编：100044
经　　销：全国各地新华书店
印　　刷：北京鑫正大印刷有限公司
开　　本：787mm×1092mm 1/16
印　　张：14.75
字　　数：350 千字
版　　次：2020 年 12 月第 1 版
印　　次：2020 年 12 月第 1 次
定　　价：98.00 元

本社网址：www.jccbs.com，微信公众号：zgjcgycbs

《轨道交通机电安装及轨道工程施工标准化手册》

编审委员会

主　　编： 张付林　刘建军　魏　军　石　雷
何　山

副 主 编： 殷茜东　诸葛磊　沈　平　陈华强
张　明

参编人员：（按照姓氏笔画排序）

丁万江　王占涛　方　晖　刘龙文
刘江涛　刘欣旺　孙海东　杨　健
李　昊　邱　波　沃留杰　沈华宇
宋思宇　张仁豪　陈卓辉　陈雪峰
郝国玺　胡杨杨　侯红磊　徐驾俊
凌　人　梁文江　梁宇欣　魏宝林

前　言

近年来，我国城市轨道交通建设如火如荼，当前六十多个在建地铁城市每年总投资近万亿元，且轨道交通建设等新基建引领着国家高质量发展的时代主旋律。

轨道交通机电安装与轨道工程，是独立于轨道交通土建工程之外的轨道交通工程的重要组成部分，其施工质量直接关系着轨道交通的运营安全。针对当前机电安装与铺轨工程现场质量管理的常见问题，以“管理行为标准化和工程实体质量控制标准化”为主题，对主要单位工程的分部分项工程的质量行为和工程实体质量管控加以总结，形成《轨道交通机电安装及轨道工程施工标准化手册》一书。

全书共分三篇：第一篇为机电、装修及轨道工程质量管理行为标准化，包含人员、材料设备、技术、管理制度、质量验收和资料管理等内容；第二篇为机电、装修工程实体标准化，内容包括低压配电及动力照明工程、通风与空调工程、给排水及消防水系统、车站弱电综合和建筑装饰装修工程等内容；第三篇为轨道工程实体标准化，包含轨道工程测量（CPⅢ精密测量技术）、道床施工、无缝线路钢轨焊接和应力放散及锁定施工、铺轨质量检测及工程验收等内容。

本书图文并茂，图片均来自施工一线，文字简明扼要，便于一线技术工作人员阅读与参考。

由于编者水平有限，书中疏漏之处在所难免，欢迎读者批评指正。

编　者

2020年11月

目　录

第一篇　机电、装修及轨道工程质量管理行为标准化

第二篇　机电、装修工程实体标准化

第三篇　轨道工程实体标准化

第一篇　机电、装修及轨道工程质量管理行为标准化

第一章　人员管理

第一节　组织机构建设

1. 公司质量管理组织机构

负责机电、装修及轨道工程的公司应成立“安全质量管理委员会”（简称安委会），负责公司范围内所有工程质量管理工作，由公司总经理、党委书记、总工程师、副总经理、总会计师、总经济师、工会主席、纪委书记和片区指挥长等组成。安委会下设办公室，办公室设在公司安质部，负责日常质量管理归口工作。

（1）公司安委会组成

主　任：总经理

副主任：党委书记　总工程师　副总经理　总会计师
　　　　总经济师　工会主席　纪委书记　片区指挥长

成　员：安全生产总监、副总工程师、副总经济师、工会副主席、纪委副书记和各系统部门负责人

（2）公司安委会质量职责

贯彻落实国家及上级关于工程质量的方针、政策、法令、法规及上级有关指示；建立健全公司质量管理体系，及时解决工程质量重大问题，并对质量管理体系有效运行负责；明确公司质量方针和目标，对项目部落实公司质量方针和目标以及项目质量管控状况进行指导、检查、督促、要求整改和考核；对项目部质量责任制考核情况进行检查、指导和督促整改，并依据公司相关制度对考核结果做出奖惩决定；负责工程质量事故或不良影响事件的上报、调查和分析，并对事故责任者进行问责处理。

公司总经理对承建的工程质量负全面领导责任，总工程师对工程质量负技术和施工管理领导责任，片区指挥长对所管范围工程质量负分管领导责任，系统部门负责人对工程质量负相应业务管理责任，安全质量稽查队、工程实体质量检测组和测量队对各自业务专业工作负管理责任。

2. 驻地机构质量管理机构

公司在项目所在地设置驻地管理机构，负责对公司在该地区的施工项目进行全面监督管理，包括施工质量的监督管理；驻地机构设置负责人 1 名，技术负责人 1 名，经营

负责人1名，安全管理人员2名，质量负责人2名。

其组织框图如图1-1-1所示。

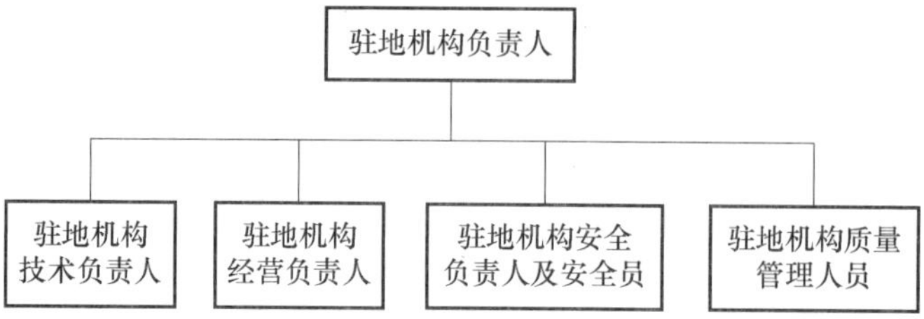

图1-1-1　组织框图

驻外机构质量管理主要职责如下：

负责对公司在该地区的施工项目部的施工质量进行检查，对不按图施工、违反工程建设强制性标准、违反施工规范和违章操作的，应当立即制止；发现质量问题或质量事故隐患，及时向项目负责人提出整改意见，限期整改；发现严重质量问题、质量事故隐患或者项目部不及时落实整改措施，应立即给项目部发出书面停工通知，并向公司质量管理机构报告。

负责做好每次质量检查情况的记录，及时向公司管理层、质量技术负责人反馈本地区项目部的施工质量信息。

参与公司在本地区拟竣工的项目工程质量预验收，并提出预验收意见。

3. 项目部质量管理组织机构

项目部在成立之初就成立以项目经理为第一负责人的工程项目质量管理小组，项目副经理、技术负责人、质量负责人任副组长，项目质量管理人员、工程部全体人员、物资设备部部长、工程经济部部长、办公室主任、各站站长，各分包单位现场负责人等为成员，负责项目部日常质量管理工作，不断进行组织机构和保证体系的质量创优规划，在公司及相关上级单位的监督下，树立“百年大计、质量第一”的思想，坚持“以人为本，持续改进”的质量观点，通过相应的质量组织体系、技术管理体系、质量管理信息系统，实现整个项目的质量控制及其标准化。

4. 项目部质量管理人员的配备和主要职责

项目部根据线路的施工难度和工程规模配备1名安全质量部长，负责项目部质量管理工作，1名总工程师、各专业至少1名工程技术人员和2名专职质量管理人员。

项目部质量管理人员主要职责：(1) 按照工程设计图纸和施工技术标准施工，不得擅自修改工程设计，不得偷工减料；(2) 对进场的建筑材料、建筑构配件、设备和商品混凝土进行检验；(3) 加强施工工序管理，做好隐蔽工程的质量检查和记录。隐蔽工程在隐蔽前，通知监理、建设单位和工程质量监督机构；(4) 对涉及结构安全的试块、试件以及有关材料进行见证取样，并送具有相应资质等级的质量检测单位检测；(5) 组织开展现场施工过程中重要工序的质量检验，及时发现报告质量问题；(6) 对分包队伍进场人员进行培训；(7) 法律、法规和技术标准、规范所要求的其他职责。

5. 项目质量管理小组框图

项目质量管理小组框图如图1-1-2所示。

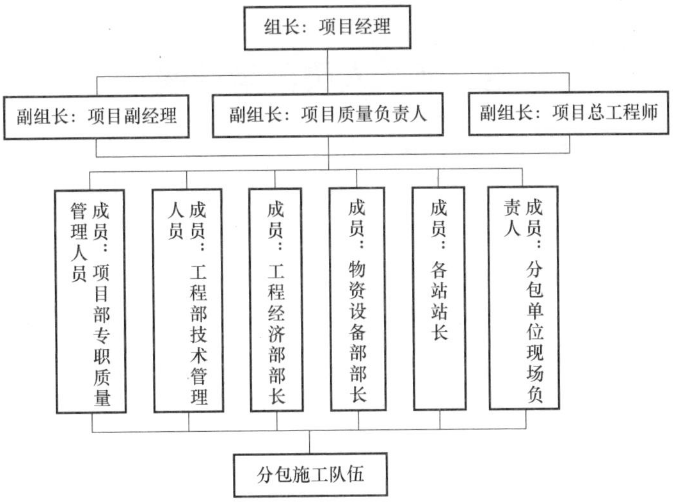

图 1-1-2　项目质量小组框图

6. 项目部质量管理体系框图

项目部质量管理体系框图如图 1-1-3 所示。

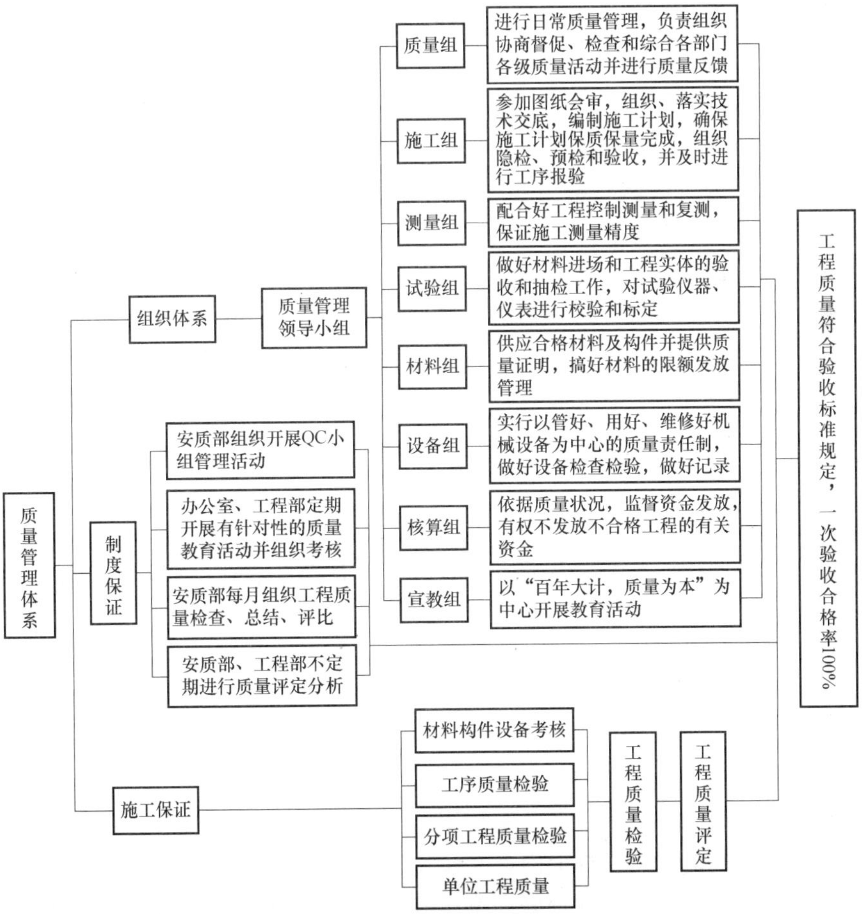

图 1-1-3　项目质量管理体系框图

第二节 人员日常管理

严格按照《建设工程质量管理条例》第二十六条、第二十九条、第三十条和工程招标、投标文件，结合轨道交通机电安装及设备区装修的特点，每个专业配备1名专业工程师、1名站长、1名兼职质量员，每两站配备1名专质量检测人员，每标段配备1名生产副经理、1名总工程师、1名专职质量管理部长、1名工程部长、1名资料员、1名试验人员专门从事与工程技术和质量有关的工作。

明确项目经理部各部门质量职责、分包单位各岗位质量职责，并建立学习培训制度，定期组织有关人员学习管理及专业新知识，切实提高施工管理人员对施工标准化管理的认识和实施标准化管理的能力。

第三节 教育培训制度

为确保工程施工质量，提高全体员工的质量意识、质量管理水平和操作技术水平，确保从事对工程质量有影响的员工具备满足相关工作岗位的能力，保证施工作业、施工工艺达到标准化，项目部应制定项目施工质量管理人员日常教育培训制度。

所有参与该工程的管理人员、施工人员都要进行法律、法规、行业标准、设计交底、操作规程等的教育培训。

教育培训主要采取内部自办培训班，聘请有丰富施工经验和技术水平较高的工程技术人员或行业专家进行授课；采用相互探讨、辩论的方式进行双向学习；参加有关部门、单位组织的各种教育培训；质检员、试验员及特殊岗位操作人员，委托有关行业部门进行专门培训，考核合格后持证上岗；“四新”技术的应用，委托相关单位对员工进行岗前“四新”技术的培训，并经考核合格后持证上岗。

管理层人员主要培训内容：国家、行业有关质量管理的法律、法规、政策、标准和规范；公司的质量方针、目标和管理体系文件；质量管理体系运行中涉及的现代管理知识和岗位任职要求；与工程质量有关的要求和规定；项目质量管理责任制，质量管理规章制度等。

施工作业层人员主要培训内容：公司的质量管理方针、目标和作业文件；本工种、本岗位操作技能方面的应知应会知识；项目的质量管理责任制，质量管理规章制度；施工组织设计及专项方案、创优规划；“四新”技术的有关知识。

对全体职工还要进行职业道德、企业精神、敬业精神教育，牢固树立质量第一的思想；质量、环境和职业健康安全管理工作的基本常识和重要性教育；本职工作与公司质量目标、项目质量目标的相关性、重要性的教育；满足顾客要求和法律法规要求的教育。

各类质量教育培训，必须由办公室编制培训计划，按计划组织培训，并考核培训效果，经考核合格的人员方可安排上岗，并建立相关的管理台账。

对新进场的人员入场质量教育培训率达到100%，各施工队伍、劳务组织、临时用工质量培训率达到100%。

通过学习，教育全体职工及外协队养成自觉遵纪守法习惯，坚持按施工工艺规范施工，杜绝一切质量事故的发生。

第四节 质量终身责任承诺书

为落实责任主体，项目部所有参建的管理人员、分包单位管理人员、劳务分包单位负责人和现场管理人员，在开工前都要签署工程质量终身责任承诺书，对不签订责任承诺书的单位、人员一律不予进场施工和上岗工作。

一、承诺内容（分包或劳务分包单位）

本人承诺在该工程建设过程中认真履行下列相应职责，并承担相应终身质量责任。

（1）不转包或违法分包所承揽的施工业务，严格按照经审查合格的施工图设计文件（图纸汇审、技术交底）和施工技术标准进行施工，不擅自修改设计文件，不偷工减料。

（2）建立健全质量管理体系，确定符合规定并满足施工需要的管理机构和主要管理人员，并确保所有人员到岗履职。遵守项目部的教育培训制度，所有施工管理和作业人员必须经过项目部的教育培训且考核合格后才能上岗。

（3）按照工程设计要求、技术标准和合同约定，对建筑材料、构配件、设备和商品混凝土进行检验，未经检验或者检验不合格的，绝不在工程建设中使用。

（4）做好工程重要结构部位和隐蔽工程的质量检查和记录，隐蔽工程在隐蔽前，按规定通知有关单位验收。

（5）对施工或者竣工验收中出现质量问题的建筑工程进行返修，对竣工验收合格并交付使用的工程按规定承担保修责任，并对造成的损失承担赔偿责任。

（6）资料收集真实、准确、完整，签章手续齐全，并及时整理归档。

二、承诺内容（个人）

本人承诺在该工程建设中，严格按照现行有关法律、法规、标准、规范要求，增强质量意识，规范质量行为，认真落实质量责任，在工程设计使用年限内自觉承担相应的质量终身责任。

工程名称：

承诺人身份证号：

承诺人（签字）：　　　　　　　　　　联系电话：

承诺人所在单位法人身份证号：

承诺单位统一社会信用代码：

法定代表人（签字）：　　　　　　　　联系电话：

承诺人所在单位（盖章）

年　　月　　日

第二章　材料设备管理

第一节　材料设备采购

项目部是项目设备物资采购供应的责任主体，对设备物资质量负全面责任，确保材料供应及时到位，规避市场风险；成立设备物资管理机构，建立设备物资质量管理体系。

项目部成立设备物资市场调查小组，了解所需设备物资的资源状况，内容包括所涉及设备物资种类的质量、数量、单价、生产厂家的数量质量、运输方式、道路状况等，项目部根据了解的情况编制采购供应方案，建立市场信息台账（产品名称、规格型号、产地、质量标准、质量缺陷、运输方式、生产厂商、联系方式等），选择合格供应商和合格生产厂商是落实物资管理“源头把关、过程控制”的第一步。合格供货方应具备有效生产资质、生产工厂、生产许可证、产品质量证明文件、质量体系认证文件、供应商的经营范围、生产厂商的授权委托书、产品用在重大工程项目业绩，售后服务、商业信誉、生产能力、资金实力等。

进场设备材料验收包括数量验收、质量验收、资料验收。验收内容如下：检查随车发货凭证、运料单中货物品名、规格、型号、数量等是否与技术文件要求相符；检验物资的外观、标牌、包装、材质单、合格证、质量证明文件、试验报告、装箱单等与实际是否相符；验收时详细填写验收记录；如发现不合格物资，应取得有关方签字认可，另外堆放，做出标识，以防混用，并及时通知供应商，立即清退，填写不合格品报告单。

第二节　材料设备进场报审及检验检测

每批次设备材料进场都需安排检验，项目部自检不合格的材料立即运出工地现场，查明原因，与供应商交涉，并上报建设单位和监理单位。自检合格的材料应及时报监理单位进行复检。对监理单位的检验结果有异议而且不能达成一致时，可与监理单位认可的独立的第三方质量检测机构做出最终裁定。对检测为不合格材料的供应商，应查明原因，确是产品质量问题，应取消其该工程供应商的资格，更换合格的供应商。

每批次设备材料进场自检合格后，按国家法律法规、规范、行业标准要求进行第三方送检，对送检不合格的设备材料，按不合格产品处理，封存并及时退场，严禁不合格设备材料用于工程项目。

第三节　材料堆放标识及现场保护

设备、材料日常管理要推广和运用物料现代化的管理方法，按物料分类堆放，整齐排列，标志明显，便于清点、盘点和物料发放。仓库保管员必须合理设置各类物料的明细账簿。物料仓库必须根据实际情况和各类物料的性质、用途、类型分门别类建立相应的明细账。失效品、废料、退回料应分别建账。

设备标识标牌宽 30cm，高 20cm，主要内容为设备名称、规格、型号、数量、厂家、进场日期、使用部位等。材料标识牌宽 50cm，高 40cm，主要内容为材料名称、规格、型号、数量、厂家、批号、进场日期、检验日期、检验状态、报告编号、使用部位等。

必须严格按仓库管理规程进行日常操作，仓库保管员对当日发生的业务必须及时逐笔登账，做到日清日结，确保物料进出及结存数据的正确无误，确保一致性。

做好物料的日常核查工作，仓库保管员必须对各类库存物料定期进行检查盘点，并做到账、物两者一致。如有异动及时向财务部门反映，以便及时调整。

设备材料进入施工现场，使用前临时存放地点宜选用空闲不妨碍施工的地方存放，离地高度不低于 30cm，需堆放整齐美观，具有防雨防水措施，四周增加临时防撞栏杆等保护措施。其主要原则：需树立防火、防盗、防事故观念，设专人看守，无关人员不准进入，做到不锈、不霉、不腐、不损坏、不混乱、不受潮，对易挥发的物资要经常检查、保养，对易燃、易爆物资要严格执行安全保管规程。

第四节 材料发放及回收管理

物资进仓库时，仓库管理员必须凭送货单、检验合格单办理入库手续；如属回用物料应凭回用单办理入库手续，拒绝不合格或手续不齐全的物料入库，杜绝只见发票不见实物或边办理入库边办理出库的现象。

入库时，仓库管理员必须查点物料的数量、规格型号、合格证件等项目，如发现物料数量、质量、单据等不齐全时，不得办理入库手续。未经办理入库手续的物料一律做待检物料处理放在待检区域内，经检验不合格的物料一律退回，放在暂放区域，同时必须在短期内通知经办人员负责处理。

仓库材料堆放示例如图 1-2-1 所示。

图 1-2-1 仓库材料堆放示例

因质量等原因而发生的退回物料，必须由部门负责人填写退回处理单，办妥手续后方可办理入库手续。

物资的发出，原则上采用先进先出法。物资出库时必须办理出库手续，并做到限额领料，领料人员凭领料单向仓库领料，领料单需经各专业工程师签字确认后方可发料，领料人员和仓管员应核对物品的名称、规格、数量、质量状况，核对正确后方可发料并在领料人签字栏签字确认；领料单一式两份，其中一份用于做账，另一份交由物资部长存档，以备核对。

第三章　技术管理

第一节　设计交底及图纸会审

(1) 设计交底要求：施工图完成并经审查合格后，设计单位交付设计文件，需要对施工单位和监理单位做出详细说明，贯彻正确设计意图，加深施工单位和监理单位对设计文件特点、难点、疑点的理解，掌握关键部位质量要求，减少图纸的错差、遗漏、矛盾，将图纸中的质量隐患问题消灭在施工前。

(2) 图纸会审要求：图纸会审之前，建设单位、施工、监理单位事先由主要技术人员进行看图自审，初步审查，进行审计核算，设计交底设计单位必须委派本项目负责人及主要设计人员出席，且经建设单位确认，各有关单位提出对图纸的疑问，设计单位对各方提出的问题进行答疑，各单位针对问题进行研究与协调，制定解决办法，写出会审纪要，经各方确认签字。

第二节　技术质量管理制度

(1) 遵循行业标准及企业规范，建立完善的技术质量管理制度，明确项目质量管理范畴，定岗定责。

(2) 项目前期编制项目质量管理计划、质量通病防治方案，明确质量岗位责任职责。

(3) 严格落实技术交底制度、图纸会审制度、施工组织方案编制审批制度、材料检验制度、施工日记制度、首件验收制度、隐蔽验收制度、技术资料制度、质量验收制度、保修回访制度、质量事故管理制度等质量管控制度。

(4) 各项技术资料均按工程进展及时填写和收集，并分门别类，不允许有集中补办现象存在。

(5) 按建设主管部门的规定做好竣工技术资料收集工作。工程交工前，由公司工程管理部检查无误后，统一整理汇总，并按“合格”“省优”评审要求装订成册。

(6) 竣工图的绘制必须与工程资料进度同步。

(7) 专业分包工程的资料收集和管理是资料管理中的一个薄弱环节，工程部要加强对此项工作的协调和管理。各专业分包单位必须设专人负责编制技术资料，并在工程交工前统一交总承包汇总。

(8) 加强科研技术创新、专利、论文、课题申请。

第三节　方案管理制度

（1）项目部在施工合同签订后，项目开工报告报审前，由项目经理组织编写施工组织设计，并报单位总工程师审批后修改完善，报送监理单位或建设单位审批后实施。

（2）项目部在施工前按国家有关法规要求和工程实际需要，由项目经理组织编写专项施工方案，专项施工方案报单位总工程师审批后修改完善，报送监理单位总监理或建设单位审批后实施。

（3）方案编制依据包括施工合同、设计图纸、相关技术标准、规范等。

（4）施工组织设计、施工方案的编写内容、目录、封面和格式等要符合施工技术方案编写标准的要求。

（5）建立施工方案及危大工程施工方案台账。

第四节　测量放样管理制度

（1）测量人员资质及数量满足合同及相关要求，测量人员能保持稳定，如有变更，经监理单位审批，主要测量人员离岗均应请假且明确替岗人员。

（2）测量方案有较强的针对性及可行性，报批、备案及时；报验测量控制中心测量内容及程序、测量控制点复测频率及精度指标明确。

（3）严格执行程序，重要内容经测量控制中心确认合格进入下道工序施工，无违反程序的情况发生。测量数据、测量报告真实，无虚假伪造情况。

（4）要求定期召开测量小结例会、学习培训，总监及总工均需参会。

第五节　质量管理分析会标准程序

（1）预验收流程：施工单位先进行自检，自检合格后申报监理进行质量分析。

（2）监理单位定期组织进行质量分析会，检查工程质保资料、工序资料、材料试验资料；后续组织进行现场检查，对工程中发现的问题进行记录要求整改，并进行分析，施工单位进行整改后通知监理单位进行复查，双方并就质量问题进行小结并形成会议纪要。

第四章　分包管理

工程施工分包应坚持公开、公正、择优选择分包商的原则，建立健全操作有序、监控有力、管理规范的工程施工分包制度，杜绝工程分包中不正当行为的发生。要从分包商的履约、计量、结算、竣工决算、评价等全过程进行严格管控，做到责任明确，严禁违法违规分包，以包代管、补报瞒报、超越权限审批行为。

第一节　分包管理办法

（1）审查分项工程的施工方案。

（2）项目经理部配备资深专业技术人员，加强专业分包工程施工过程中的巡视检查，及做好隐蔽工程验收、关键部位的质量监控。

（3）把好材料、设备质量检验验收关。

（4）督促专业分包单位及时做好技术档案资料的收集和整理。

第二节　分包单位质量管理

将在合同中约定劳务分包商应投入的主要管理人员，明确总包和分包单位之间质量责任、相关之间质量管理的工作界面和深度，并将人员纳入总的质量管理体系，参加日常的质量管理制度制定、工作检查和考核、各道工序的报验和隐蔽验收及竣工验收、参与预防工程质量通病的措施制定、质量问题的分析及处理。

项目经理部定期组织专业技术人员，加强对专业分包工程施工过程中的质量巡查工作，针对关键工序、特殊工序进行把控，并做好隐蔽验收工作。

加强原材料的进场验收工作，保证原材料、设备质量关，杜绝劣质、不满足规范、设计要求的材料、设备进场。

第三节　分包单位人员及证件管理样本

在进行劳务分包商的内部招标流程时，就开展对分包单位资质的审查工作，只有在满足工程施工条件的单位中进行择优选择，严禁无资质、超过资质范围，或者伪造、借用他人资质进行施工活动的行为，并首先从公司的合格分包单位中选定。

在进场时，应将分包单位的人员证件，包括身份证、岗位证、职称证、特殊工种操作证（焊工证、电工证）等相关信息进行登记备案（图 1-4-1）。

图 1-4-1　分包单位相关信息

第五章　施工质量管理制度

第一节　技术交底制度

技术交底是使参与施工的人员熟悉和了解拟建工程项目的特点、设计意图、技术要求、施工工艺、材料要求和应注意的问题、质量标准、成品保护以及质量检验、管理的要求，明确施工过程、质量措施、安全措施、环保措施、节约措施和工期要求，避免发生技术指导错误和操作错误。

施工技术交底是施工中的首要环节，是一项经常性的工作，应分级分阶段进行。技术管理、施工组织方案、单位工程、分部分项工程、工序施工、安全质量及环保、季节性施工措施等均应有技术交底。未经技术交底不得施工。

施工技术交底必须执行技术复核制，交底资料需经复核无误并以书面形式进行，有交底、复核人及接受人的签字，严禁代签。施工技术交底应归档并建立技术交底台账。

施工组织、方案的交底采用会议的形式，交底人为项目经理或总工，接受人为项目班子、各部室负责人、班组长负责人。

单位工程交底采用交底会议形式，交底人项目总工程师或工程部长，接受人各部室、该单位工程的现场管理人员、技术人员、安质人员。

分部分项和工序交底为三级交底，采用书面交底形式，交底人工程部长或工地技术负责人，接受人为现场管理人员、技术人员和作业工人。

技术交底的方式分会议交底、书面交底和口头交底。会议交底应做好书面交底资料、会议签到表、会议记录、会议纪要等。

技术交底实行分级管理，项目经理或项目总工程师就施工组织设计、重大技术方案等对项目班子成员、相关部室及班组负责人进行技术交底；项目工程部就单位工程、分部分项工程及工序施工、安全质量及环保、季节性施工措施等对现场管理人员、班组长及全体作业人员进行技术交底。

技术交底对象必须覆盖与交底内容相关的全部人员。工序交底应交到现场管理及作业人员手中，对于涉及测量试验相关的内容还交到测量试验人员；安全质量专项技术交底必须交到参与施工的现场管理人员、技术人员、安全质量管理人员、作业人员手中，交底的内容应是分年、季、月编制的有针对性安全质量措施或专项的安全质量措施。所有交底接收人员需签字确认，严禁代签。

施工组织设计及施工方案以批准后，应在开工前进行交底，文字记录以会议纪要的形式出现。

施工组织设计及施工方案交底由项目经理或项目总工程师负责组织召开施工组织设计、施工方案技术交底会，对项目班子成员、相关部门和班组负责人进行交底并签字齐全。

交底主要内容包括施工部署、主要施工方案、施工顺序安排、总体工期安排、资源配置、关键工序的施工工艺、安全质量、文明施工、职业健康和环境保护目标及保证措施等。

单位工程技术交底由项目总工程师或工程部长向项目各部室、参与施工的现场管理人员、技术人员、安全质量管理人员等进行交底并签字齐全，交底内容包括工程设计情况；主要的施工方法及步骤、施工场地布置、施工准备工作、使用的机具设备、设备、材料的规格、数量、质量要求及使用部位、混凝土的强度等级、使用部位及配合比、劳力组织、主要质量措施、安全措施、文明施工及环保措施、科研项目及实施计划、新技术、新工艺、新材料应用等。

分部分项工程及工序施工技术交底，所有工序施工前，由项目工程部向现场管理人员及作业人进行书面技术交底并签字齐全，未进行技术交底，不得施工。交底内容包括各分部分项工程的平面位置、结构尺寸、标高、控制桩位、施工技术及工艺、质量标准、安全技术措施、成品保护措施及其他应注意的问题。

第二节 三检制度

工序质量是施工质量控制的基础，工序施工前，应对作业层和管理层进行书面交底和培训，并严格执行“三检制”。同时对工序质量控制着重抓好“三个点”的控制，首先是设立控制点，使其在操作中能符合技术标准要求；其次是设立检查点，以验证所采取的技术措施是否有效，是否失控，以便及时发现问题，及时调整技术措施；最后是设立停止点，在施工操作完成一定数量或某一施工段时和作业组自行检查的基础上，由专职质检员做一次全面的检查，确认某一作业层面操作质量是否达到有关质量控制指标的要求，对存在的薄弱环节和倾向性问题及时加以纠正，为检验批质量验收打下坚实基础。

（1）自检。包括操作人员自检和班组自检。工班长在每日收工前对班组完成工作量进行一次自检，做出记录，工后讲评。

（2）互检。指同一工序之间，由质检员组织相互检查，主要是互相观摩，交流经验，推广先进操作技术，达到取长补短、互相促进、共同提高的目的。

（3）交接检。指不同班次之间或交接下一班次之间的交接检查。由质检工程师组织交接，各工班应做到不合格的工作不出手、不出班组，上道工序不合格，禁止进入下道工序施工。

检查中发生的质量问题及时处理，处理情况由质量检查人员及时记入施工日志。

第三节 样板先行制度

在项目开工前，经项目工程技术集体讨论确定施工作业方法和施工工艺，明确质量应达到的合格标准和数据指标，确定指标后施做动态照明、通风空调、给水排水消防等样板墙（图 1-5-1），样板工程施工完成并经自检合格后，上报监理、业主单位验收，合格后方可进行首件工程施工作业，同时固化工序样板标准、工艺流程、资源配置、控制要点、质量要求等，并在正式施工中进行推广应用。

图 1-5-1　样板墙

第四节　质量责任追溯制度

为加强现场质量控制，严格工序管理，建立健全质量检查检验制度，强化施工过程控制，达到“出现问题追溯有源，处理问题追责有据”的目的，项目部要全面推行工程质量实名签认制，并编制《关键工序实名制实施办法》，明确组织机构、岗位职责、关键工序清单、实施方式、过程检查与改进、阶段考核、档案与信息管理、季度总结等。项目部每月根据工程质量问题台账月度新增及销号情况、关键工序实名制签认表进行考核、奖惩，落实过程管控，杜绝“秋后算账”。

季度总结内容：①本项目实施实名制项目清单；②项目实名制工作开展情况，包括实名制管理制度建立情况及实名制实施方案编制情况；③以工程类别及单位工程为单位，汇总关键工序辨识清单及实名制实施方式；④存在问题及改进建议等，并在每季末20 日前上报项目经理。工程质量作业实名制以分项工程的工序为基本签字单元，签字对象为一线作业人员和一线管理人员，如作业人员、分包负责人、分包质检员、施工班组长、专业工程师、项目部质检员等，由项目部质量管理部门统一收集、整理。

第五节　成品及半成品保护制度

（1）成品保护的范围。包括已完成的半成品和分项、分部工程及单位工程。

（2）成品保护程序。项目实施性施工组织设计批准后 30 日内，项目部总工程师组织工程部、安质部、物设部、实验室等系统部门共同制定成品保护方案，内容包括成品保护措施、成品保护机构、信息反馈、返修补修措施（图 1-5-2）。成品保护日常工作由项目部工程部负责组织，并形成成品保护记录。成品及半成品在没有交验（或交验下一工序）前，由本工序作业队（班组）负责保护（有明确指定方保护者除外）。若成品受到破坏，保护人应当马上报告，项目部工程部组织分析原因、研究应对措施，并形成追责报告交项目经理审批，相关方按照修复方案组织实施修复。

图 1-5-2　成品保护措施

（3）成品保护方案主要内容。①成立成品保护领导小组，明确职责和工作要求；②明确成品保护项目清单（如预制件、预埋件、管道及管线、混凝土、钢筋工程、各型设备安装、电线电缆、桥架、风管、地砖、墙面等)，并逐项制定出具体的成品保护措施；③成品保护小组每周举行一次专题会，集中解决发现的问题，指导、督促各单位开展成品保护工作，并协调好相互工作间的成品、半成品保护工作；④加强成品保护教育，技术交底必须有成品保护具体措施；⑤制定成品保护管理实施细则、成品保护奖罚办法，并加强过程检查、追责，用经济手段提高作业人员对已完工程保护意识，促进文明施工水平；⑥合理安排施工顺序，避免工序间相互干扰，凡下道工序会对上道工序产生污染、损伤的，在上道工序工作完成后，及时采取保护措施；⑦半成品、成品运输应符合材料、道路运输等相关规定；⑧半成品、成品堆放方法和要求应符合材料相关安全、质量、物资管理的相关要求，并做好预制品的防腐、防霉、防污染、防锈蚀、防倾覆、防火等防护措施，工程成品采用有效的护、包、盖、封措施，对已完工程进行保护；⑨提倡文明作业，严禁野蛮施工，一经发现，严肃处理；⑩工程成品保护人员应按质量保证计划中的成品保护职责与方法，执行成品保护工作，直至办理工程移交手续，方可终止。

第六节　质量缺陷及不合格整改及质量通病防治制度

为促进现场施工质量的不断提高，确保工程质量符合《建筑工程施工质量验收统一标准》(GB 50300—2013) 的规定，项目部应对施工质量通病进行防治。

施工质量通病防治指施工过程中对常见、多发的施工质量问题和隐患进行预防或消除治理。

项目工程管理部门在进场后，对质量通病进行分析，并编制施工质量通病防治方案

（措施），经技术负责人审核后，交施工班组实施。

质量通病防治方案（措施）应结合工程项目的结构及特点，找出可能发生的质量通病，确定质量控制点，并按《建筑工程施工质量验收统一标准》（GB 50300—2013）规定的建筑装饰装修、建筑给排水及消防、建筑电气、智能建筑、通风与空调、电梯、站台门、建筑节能等分部工程施工内容分别编制。

质量通病分部分项工程防治方案（措施）按以下内容格式编写：质量问题或现象、原因分析、预防或治理措施。

质量通病防治措施具体内容见相关技术资料，实施中应推广建设部十项新技术，开展 QC 小组活动。

分部分项工程施工前，项目部工程管理部门应组织施工管理人员进行质量通病防治措施交底。工程部专业工程师应组织作业人员进行相关内容的施工技术交底。质量员应参加技术交底会议，交底时，交接双方应履行交接确认手续。

分部分项施工过程中，施工技术人员和质量员应对质量通病防治措施的实施进行巡视检查，检查中发现不符合防治措施的行为，应及时制止并提出整改要求。

现场质量通病防治方案（措施）是重要技术管理资料，应分别归档保存。

附：工程质量通病防治技术交底表（表 1-5-1）。

表 1-5-1　工程质量通病防治技术交底表

工程名称：　　　　　　　　　　　　分部分项工程名称：　　　　　　　　　　编号：

序号	质量问题或现象	原因分析	预防或治理措施

编制：　　　　审核：　　　　施工员：　　　　质量员：　　　　班组：

第七节　工程质量检测制度

（1）项目部根据各分部分项以及关键工序编制工程质量检测方案。

（2）各类检测仪器检定合格。

（3）定期质量检测，根据项目部质量管理组织结构，按照月、周、日进行定期的质量检测，检测方式方式根据检测方案实行自检或者第三方检测机构抽检。

（4）各类检测记录资料管理。施工原始记录清晰、完整、及时，隐蔽工程记录填写签字齐全，工程质量评定及时、保存完好。

（5）检测结果不合格的按照不合格工程处理程序进行处理。

第六章　质量验收管理

第一节　首件工程及隐蔽验收

一、首件工程验收总则

为加强现场施工质量的管理，强化质量检查程序，规范作业人员的质量意识行为，从施工源头上确保质量目标的实现。

二、首件工程验收控制流程

首件工程验收控制流程如图 1-6-1 所示。

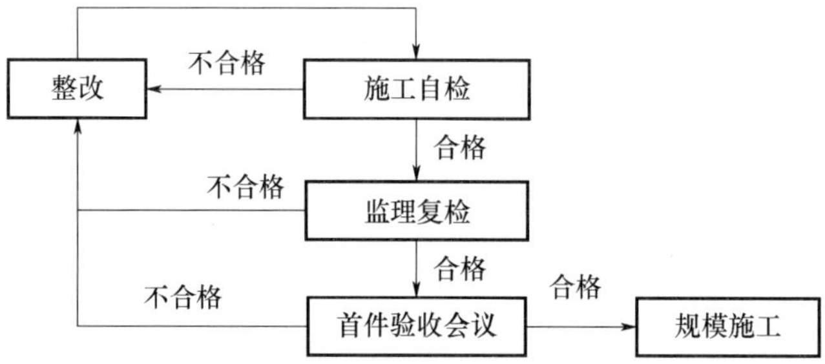

图 1-6-1　首件工程验收控制流程

1. 轨道工程道床首件验收条件

(1) 验收段为各类整体道床（每组道岔、轨道不小于 50m）浇筑前；

(2) 施工方案审批完成，相关技术交底完成；

(3) 铺轨场地条件要求土建结构已通过（子）单位工程验收，道床结构与土建结构整体设计的除外；

(4) 钢轨、轨枕、扣件、轨道板等轨道部件质量证明资料齐全；

(5) 测量控制系统完成；

(6) 道床与土建结构的界面处理已完成；

(7) 钢筋焊接经工艺试验评定报告经过审批，试件检测合格；

(8) 混凝土配合比检测项目及结果符合要求，并已经过监理审批；

(9) 轨排拼装、道床钢筋绑扎、防迷流钢筋焊接符合设计图纸及相关规范要求，施工单位自检及监理验收完成；

(10) 道床内预埋件和预留孔洞、沟槽检查确认；

(11) 混凝土施工条件准备，检查道床模板、轨道支撑体系、临时用电、临时照明、混凝土运输体系等。

2. 机电安装、公共区装饰装修施工样板段首件验收条件

（1）验收段为机电安装及装修施工样板段（样板段施工范围包含装饰装修专业墙体砌筑、抹灰、涂料、喷涂，公共区顶棚、墙面、地面；机电各专业风管、水管、线管、桥架等，具体以审批的样板段施工方案为准）；

（2）施工方案经过审批，相关技术交底完成；

（3）砖（含加气砖）、水泥、砂、石（骨料）、钢筋等原材料均经第三方检测单位检测合格，砂浆混凝土符合配比要求，各材料质保资料齐全有效；

（4）施工机具、测量仪器仪表已完成进场验收；

（5）水阀安装前完成强度及严密性试验；风管安装后进行漏光试验；各试验检测结果合格并做好试验记录；

（6）各专业施工工艺、工法严格按照已审批的施工方案进行，并要符合设计及规范要求；

（7）分包单位资质经过审查且符合有关规定，特种作业人员持有效证件上岗。

三、首件工程验收内容

在正式进场施工前 15 天内，项目部成立以项目经理为组长，项目副经理、总工程师为副组长，各部门负责人为组员的首件工程施工小组，负责首件工程评估、实施工作。具体分工和布置如下：

（1）项目经理对标准件施工全面负责。

（2）项目经理部总工程师对标准件施工的相关技术、质量负责。

（3）项目经理部生产副经理对标准件施工的具体实施负责。

（4）项目工程技术部负责标准件施工地点的选择、设计，施工方案、技术交底的编制及交底。

（5）项目安全质量部负责标准件施工的质量控制要点、质量标准以及过程质量把关。

前期根据本工程施工的特点、施工难点、工序的重点、防治工程质量通病措施等方面的需要，组织参与编制和实施该工程施工组织设计和专项施工方案的相关技术管理人员，研究制定首件施工的专项实施方案。

专项实施方案内容应包括工程概况与特点、需制作首件工程实物质量的工序和部位、制作首件工程实物质量的技术要点与具体要求、将首件工程质量用于指导施工和质量验收的具体安排、相关人员的工作职责以及根据工程项目特点所制定的其他相关内容。

（1）制定相关的分部分项首件工程质量工作方案，送项目总监理工程师审批后实施。

（2）根据施工进度要求及时对项目管理人员、班组操作工人进行技术、安全、质量、操作规程的交底工作。

（3）及时进行分部工程的隐蔽验收工作，以便组织首件工程实物的施工。

（4）按进度将各施工材料分批进场，并进行相关见证送检工作，确保施工材料符合设计、施工要求。

四、隐蔽工程验收

认真做好隐蔽工程旁站检查的组织，明确隐蔽工程项目和检查规定，落实值班制度及旁站检查人员，项目部领导及管理、技术、质检、试验人员，工地代表要明确责任，加强沟通，相互支持配合，共同把好旁站检查关、质量关。

隐蔽工程检查应及时。先由该项目主管技术人员自检合格后，填写检查证，备齐有关附件资料，提前约请有权签证的质量检查人员和检查工程师及监理人员复检签认后，方可进行下道工序施工。隐蔽工程检查证必须按规定的表格和要求填写，字体工整，数据准确，填报份数满足要求，签证手续齐全有效。影响安全的基础工程，签证后应立即封闭，以免地质变化危及结构安全。

隐蔽工程旁站检查应严格。凡施工过程中的隐蔽工程，如风管漏光试验、墙体混凝土浇筑、墙体砌筑、钢筋连接等，现场除进行认真的隐蔽工程检查签证外，还必须实行严格的旁站检查，整个实施过程必须记录在案，在检查记录中详细描述，主要内容包括检查项目、时间、地点、施工队负责人、技术负责人、旁站检查人、施工方法及工艺标准，质量控制情况等，以实现产品质量的可追溯性。

隐蔽工程未经技术、质检人员和现场检查工程师检查签证而自行覆盖的，应揭盖补验，由此造成的经济损失由施工责任人承担。专职质检工程师或现场检查工程师因工作缺席，可委托的同级技术人员或现场检查工程师代检签证，并做好记录。

旁站检查人员必须认真履行职责，严格按照验收规范、设计文件、工艺要求进行监控和管理。对不按施工技术规程操作、质量工艺标准施工的行为或违反规定不听劝阻的，旁站检查人员有权停工并实施经济处罚。

强化监督检查职能，严格岗位责任追究制度。旁站检查人员对隐蔽工程质量负终身责任。项目经理和总工程师要加强现场旁站检查人员的监督检查，防止擅自离岗和脱岗。对因失职、渎职造成质量通病、质量缺陷、质量隐患和事故及经济损失的责任人要按有关规定进行责任追究和处罚。

定期进行旁站检查工作评估。根据施工进度适时进行检查，加强相互沟通，对检查结果奖惩兑现，并及时通报，以实现可持续改进。

检验批、分项工程质量在检查验收后，相关人员应及时在质量检查验收记录中签署检查验收意见和姓名、日期。验收意见要具体明确、数据准确、描述详细、字迹清晰，不得涂改。

第二节　检验批划分制度

为了加强本工程质量管理，规范本工程的各道工序质量控制、验收程序的组织，根据《建筑工程质量验收统一标准》（GB 50300—2013），结合本工程单位、分部、分项工程及其检验批的有关规定进行划分，且需经监理单位、建设单位确认后，方可实施。

根据《建筑工程质量验收统一标准》（GB 50300—2013），地下车站检验批划分见表 1-6-1。

表 1-6-1　地下车站检验批划分

单位工程名称	分部工程	子分部工程	分项工程
机电安装及装修工程	低压配电及动力照明系统	动力系统	成套配电柜、控制柜（屏、台）和动力、照明配电箱（盘）及控制柜的安装
			低压电动机、电动执行机构检查接线
			低压电气动力设备
			电线导管、电缆导管和线槽敷设
			电线、电缆穿管和线槽内敷设
			电缆头制作、接线和线路绝缘测试
			电缆桥架和桥架内电缆敷设
			开关、插座、风扇安装
		照明系统	成套配电柜、控制柜（屏、台）和动力、照明配电箱（盘）及控制柜的安装
			电线导管、电缆导管和线槽敷设
			电线、电缆穿管和线槽内敷设
			电缆头制作、接线和线路绝缘测试
			开关、插座、风扇安装
			专用灯具安装
			普通灯具安装
			建筑物照明通电试运行
			不间断电源安装
		防雷接地	接地装置安装
			建筑物等电位联结
	综合监控	电缆桥架、线槽安装和线缆敷设	电缆桥架、线槽安装和线缆敷设
		车站级系统	设备配线
			设备安装
			设备调试
			系统功能检测
	门禁系统	管线安装	管线安装
		线缆敷设	线缆敷设
		车站级系统	设备安装
			车站局域网
			系统功能检测
	环境与设备监控	管槽线安装	管槽线安装工程
		车站级系统	控制柜（箱）探测器
			设备调试
			系统功能检测

续表

单位工程名称	分部工程	子分部工程	分项工程
机电安装及装修工程	火灾自动报警	管槽线安装	管槽线安装
		车站级系统	设备安装
			设备调试
			系统功能检测
	AFC 票务	管槽预埋及安装	管槽预埋
			管槽接头
			管槽封口
			桥架安装
		线缆敷设	线缆敷设
			线缆引入
			线缆接续
			线缆特性检测
		车站终端设备	车站终端设备安装
			车站终端设备布线
			进站和出站检票机检测
			自动售票机检测
		车站计算机系统	机房设备安装
			机房设备布线
			紧急按钮安装
			车站局域网检测
			车站计算机系统功能检测
			紧急系统检测
	通风与空调	防排烟系统	风管与配件制作
			部件制作
			风管系统安装
			风管与设备防腐与绝热
			设备安装
			系统调试
		送排风系统	风管与配件制作
			部件制作
			风管系统安装
			设备安装
			消声器安装
			系统调试

续表

单位工程名称	分部工程	子分部工程	分项工程
机电安装及装修工程	通风与空调	空调风系统	风管与配件制作
			部件制作
			风管系统安装
			设备安装
			消声器安装
			系统调试
		空调水系统	空调管道及配件安装
			冷却塔安装
			水泵及附属设备安装
			管道与设备的防腐与绝热
			系统调试
		多联机空调系统	室外机安装
			室内机安装
			空调管道及配件安装
			管道与设备的防腐与绝热
			系统调试
	建筑给水排水工程	室内给水系统	给水管道及配件安装
			给水设备安装
			管道与设备的防腐与绝热
		室内排水系统	水泵及附属设安装
			排水管道及配件安装（压力排水）
			排水管道及配件安装（重力排水）
			试验与调试
		消防系统	消防水管道安装
			消防水设备安装
			室内消火栓系统安装
		卫生器具	卫生器具安装
			卫生器具给水配件安装
			卫生器具排水管道安装
	气体灭火系统	气灭系统安装	灭火剂储存装置的安装
			气瓶及附属设备安装、阀门配件安装
			阀驱动装置的安装
			灭火剂输送管道的安装
			喷嘴、容器的安装
			控制组件的安装
		气灭系统调试	模拟启动试验
			模拟喷气试验
			模拟切换操作试验

续表

单位工程名称	分部工程	子分部工程	分项工程
机电安装及装修工程	主体结构	砌体结构	填充墙砌体工程
		混凝土结构	模板安装工程
			钢筋
			混凝土工程
		钢结构	钢结构制作（安装）焊接工程
			钢结构零、部件加工工程
			钢构件组装工程
			钢构件预拼装工程
			单层钢构件安装工程
			防腐涂料涂装工程
			防火涂料涂装工程
	建筑装饰装修工程	建筑地面	水泥混凝土垫层
			找平层
			室内防水层保护层
			水泥砂浆面层
			砖面层
			预制板块面层
			大理石和花岗岩
			活动地板面层
		抹灰	一般抹灰工程
		门窗	金属门窗
			特种门窗安装工程
			门窗玻璃
		轻质隔墙	骨架隔墙工程
		饰面板（砖）	饰面砖粘贴工程
			饰面板安装工程
		涂料	水性涂料涂饰
		细部	护栏和扶手制作与安装
		幕墙	玻璃幕墙工程
			金属幕墙工程
		吊顶	明龙骨吊顶工程
			暗龙骨吊顶工程

第三节　分部分项工程验收

分部分项验收质量验收由总工程师组织检查，所含分项工程质量、质量控制资料、部分安全和功能检测项目，自检评定合格后报总监理工程师检查验收，由总监理工程师组织项目负责人和有关勘察、设计单位项目负责人进行验收并填写工程质量验收记录。

分部工程验收合格规定：分项工程质量控制资料应完整；所含分项工程质量均验收合格；有关结构安全及使用功能的检验和抽样检测结果符合有关规定（如结构尺寸、净空、强度、耐压等级、防火等级、风量大小等）；观感质量验收应符合要求。

1. 验收准备工作

分部工程完工后，施工单位按照国家有关验收标准及规范全面检查工程质量，整理工程技术资料，填写分部工程质量验收申请表，报送监理单位审核。

监理单位在收到验收申请 5 个工作日内完成对工程技术资料审核和工程实体检查。检查合格后，总监理工程师签署意见并及时组织验收。

施工、监理单位在工程验收前应准备好分部工程质量自评报告、分部工程质量评估报告。

2. 验收组织

分部工程的验收由监理单位（总监理工程师）组织和主持，建设单位（业主代表）、勘察单位与设计单位（工点负责人）、施工单位（项目负责人和技术负责人）等参加，其中勘察单位只参加与地质勘察有关的土建工程验收。

车站装修、机电安装、系统机电安装的分部工程验收，宜通知运营分公司管理部门参加。

3. 验收程序

施工单位做分部工程质量自评报告，介绍工程概况、工程实体及资料整理完成情况、质量控制、分部工程及各分项工程的自检、自评情况、目前存在的遗留问题等。

监理单位做分部工程质量评估报告，介绍工程监理情况、质量控制及分部工程质量验收核定情况、目前遗留的问题等。

与会人员分组检查，各检查组由验收组组长指定专人负责。

工程实体组：对工程实体质量等进行现场检查，必要时进行现场实测实量。

文件资料组：对施工单位提交的工程档案资料（包括科技档案、声像档案）进行检查。

各检查组负责人汇报小组检查情况，指出必须整改的问题，并安排专人做记录，整理后将意见填写在工程验收记录表上。

土建工程的地基与基础分部工程验收，需勘察单位介绍工程施工中地质变化情况，阐明实际地质情况与原地质报告的描述是否一致，持力层是否满足要求等，并对该分部工程的质量是否通过验收提出意见。

验收组组长综合各检查组意见，对工程质量和各管理环节等方面做出全面评价。

若达成统一意见，验收人员共同签署分部工程质量验收记录和分部工程质量验收纪要。建设单位代表由现场业主代表签认，施工单位由项目经理签认，有专业分包单位的，专业分包单位项目经理也必须签认其分包的分部工程，监理单位由总监理工程师签认，设计、勘察单位由项目负责人（或工点负责人）签认。

若参与验收的各方不能形成一致意见，应协商提出解决方法，待意见一致后，重新组织验收。

监理单位负责编写验收会议纪要，记录要求整改的问题并跟踪落实问题整改。

4. 验收后工作

经验收合格的分部工程，需在单位工程验收合格后，以单位工程为整体办理工程实体移交手续。但单位工程未全部竣工验收，而后续工程需要进场施工的，验收合格的分部工程可由现场业主代表组织双方确认，提前移交给后续工程承包单位。

第四节　单位工程验收

1. 准备工作

（1）单位工程完工后，在计划验收日期前 7 个工作日内，施工单位按照国家有关验收标准及规范全面检查工程质量，工程技术资料按要求进行整理归档，并将相关资料提交监理单位审核。

（2）监理单位在收到验收申请 5 个工作日内完成工程技术资料审核和工程实体核查。验收合格后，经业主代表同意后，向建设单位验收主持部门（项目建设部、盾构部、机电部、土建部、综合部、安全质量部等，其中单位工程验收由安全质量部负责主持，子单位工程验收由各主管部门负责主持）申请验收，并提交验收申请报告。

（3）建设单位验收主持部门收到监理单位验收申请，及时组织验收前的核查，认为达到验收条件后，由业主代表填写《轨道交通单位工程验收条件核查表》，并向工程质量监督机构办理验收条件核查手续。

（4）质量监督机构确定验收时间后，由业主代表正式下发验收会议通知，质量监督机构、城市建设档案管理部门、建设单位（项目建设主管部门、土建部、安全质量部）、勘察单位、设计单位、施工（含分包单位）单位、监理单位、工程接收单位、测控中心、第三方监测、第三方检测单位等部门和单位按通知要求参加验收。

（5）单位工程验收准备阶段，业主代表负责督促勘察、设计、施工（含分包单位）、监理、第三方监测、测控中心等单位分别准备好勘察工作总结及勘察质量检查报告、设计工作总结及设计质量检查报告、质量自评报告及工程质量保修书（复印件）、质量评估报告、第三方监测工作总结、测量控制工作总结。

2. 验收组织

组织：建设单位验收主持部门。

主持：建设单位验收主持部门的部长或副部长。

参加单位：质量监督机构、城市建设档案管理部门、建设单位（项目建设主管部门、土建部、安全质量部）、工程接收单位、勘察单位、设计单位、施工单位、监理单位、测控中心、第三方监测、第三方检测单位等。

参加人员要求：施工（含分包单位）、勘察、设计、监理、第三方监测等单位项目负责人，其他参会单位相关人员。

3. 验收程序

（1）施工单位做工程质量自评报告，介绍工程概况、工程实体及资料整理完成情况、质量控制及各分项工程的自检、自评情况等。

(2) 监理单位做工程质量评估报告，介绍工程监理情况、质量控制及工程质量验收核定情况等。

(3) 勘察、设计、第三方监测、测控中心、第三方质量检测、建设单位等其他参建单位对工程过程控制管理情况进行介绍。

(4) 与会人员分组检查（各检查组由主持人指定专人负责）。

① 工程实体组：按不同专业分组现场检查，主要对实体、预留孔洞、预埋管等进行质量检查，必要时进行现场实测实量。

② 内业资料组：对施工、监理单位的内业资料进行检查。

(5) 各验收小组根据现场和内业检查情况，发表验收意见。

(6) 档案管理部门根据工程的内业资料质量发表验收意见。

(7) 安全质量部对工程质量发表验收意见。

(8) 验收主持人综合各检查组意见，对工程质量做出评价，并发表验收结论。

(9) 项目接收单位对工程质量发表验收意见。

(10) 质量监督机构发表监督意见。

(11) 监理单位负责整理、编写《单位（子单位）工程验收纪要》和《单位工程验收报告》。项目建设部主管部门牵头，监理单位负责跟踪落实问题整改。

(12) 在单位工程验收合格后 15 个工作日之内，由项目建设主管部门负责督促参建各方分别出具《工程勘察质量合格证明》《工程设计质量合格证明》和《工程监理质量合格证明》。

第七章　资料管理标准化

第一节　资料管理制度

1. 档案资料管理

（1）工程档案资料工作是工程建设过程的一部分，应纳入建设全过程管理并与工程建设同步。档案资料室集中统一管理本工程全过程的技术档案资料，对工程文件材料的形成、积累、收集、归档工作进行监督、检查，并负责工程技术档案资料的接收和移交。

（2）为了便于各个管理环节的衔接，档案资料室配备专职档案员，为更好地管理好档案资料，应配置必要的库房、档案装具、档案保护设施和办公设备。

2. 归档文件的质量规定

（1）凡合同、协议等文件材料均应为正本（即必须有各方代表符合规定的亲笔签名，有单位盖章栏目的还必须加盖单位公章归档，签字方不能用副本或复印件归档）。

（2）施工技术记录、工程签证单、试运记录、材料半成品试验单、设计修改通知单（含工程联系单）等表格和数据均应用 70g 以上的白色书写材料书写并原件（如表式为复印件，数据虽用合格材料书写也不能作为原件；验收签证单中的各方人员必须签名齐全，不能以盖章或打印件代替签名）归档。

3. 工程文件收发及管理规定

为加强工程文件收发管理，理顺传递关系，并按工程进度做好工程文件的提供利用，特制定本制度。

（1）工程文件接收

各单位提供给工程部的工程文件（工程技术文件、图纸资料）由档案资料室统一接收；上级党政主管机关所发的行政及党务方面的文件由办公室统一接收。

（2）工程文件资料发放

① 分发外单位和部门的工程文件资料由档案资料室统一归口办理。

② 呈送上级单位的工程文件由工程部领导确定发放单位和数量。

（3）设计修改通知单、工程联系单、传递及管理规定

① 设计修改通知单、工程联系单统一由档案资料室按设计修改通知单、工程联系单中所指定的部门及时传递并建立签收记录。

② 设计修改通知单、工程联系单原件一律及时交档案资料室归档保存，工程结束后由档案资料室向设计院提供全部设计修改通知单、工程联系单的复印件供设计院编制竣工图。

第二节 竣工资料管理

1. 编制竣工图的形式和深度

(1) 凡按图施工没有变动的，则由施工单位（包括总包和分包施工单位，下同）在原施工图上加盖“竣工图”标志后，作为竣工图。

(2) 凡在施工中虽有一般性设计变更，但能将原施工图加以修改补充作为竣工图的，可不重新绘制，由施工单位负责在原施工图（必须是新蓝图）上注明修改的部分，并附以设计变更通知单和施工说明。加盖“竣工图”标志后，作为竣工图。

(3) 凡结构形式改变、工艺改变、平面布置改变以及有其他重大改变，不宜再在原施工图上修改、补充者，应重新绘制改变后的竣工图。由于设计原因造成的，由设计单位负责重新绘图；由于施工原因造成的，由施工单位负责重新绘图；由于其他原因造成的，由建设单位自行绘图或委托设计单位绘图。施工单位负责在新图上加盖“竣工图”标志并附以有关记录说明，作为竣工图。重大的改建、扩建工程涉及原有工程项目变更时，应将相关项目的竣工图资料统一整理归档，并在原图案卷内增补必要的说明。

(4) 竣工图一定要与实际情况相符，要保证图纸质量，做到规格统一，图面整洁、字迹清楚。不得用圆珠笔或其他易于褪色的墨水绘制。竣工图要经承担施工的技术负责人审核签认。

2. 编制竣工图的分工

(1) 建设项目实行总包制的各分包单位应负责编制分包范围内的竣工图，总包单位除应编制自行施工的竣工图外，还应负责汇总整理各分包单位编制的竣工图。总包单位在交工时应向建设单位提交总包范围内的各项完整、准确的竣工图。

(2) 建设项目由建设单位分别包给几个施工单位承担的，各施工单位应负责编制所承包工程的竣工图，建设单位负责汇总整理。

(3) 建设项目在签订承发包合同时，应明确规定竣工图的编制、检验和交接等问题。

(4) 建设单位应组织、督促和协助各设计、施工单位检验各自负责的竣工图编制工作，发现有不准确或短缺时，要及时采取措施修改和补齐。

3. 竣工图编制的套数

大中型项目、重要公用工程和其他特殊性项目的竣工图至少应编制三套：一套送城建档案部门归档；二套由生产或使用单位保存。一般小型项目至少编制两套：一套送城建档案部门归档；一套由生产或使用单位保存，作为维护、改造、扩建的依据。项目竣工图套数应该在签订施工合同时明确规定。

第二篇　机电、装修工程实体标准化

第一章　低压配电及动力照明工程

第一节　成套配电柜及配电箱安装

1. 施工工艺流程

施工准备→设备开箱检查→二次搬运→设备型钢基础制安→成套配电柜安装→半成品保护→设备调试。

2. 材料要求

（1）成套配电箱、柜进场检查项目依据《建筑电气工程施工质量验收规范》（GB 50303—2015）第 3.2.7 条的规定，并形成《进场检验记录》。如果设备为甲供，则需要按照业主《甲供设备材料管理办法》进行交接验收。

（2）检查配电箱、柜品牌是否符合合同约定要求。

3. 施工工艺操作

（1）施工准备

施工技术文件（施工图、设计交底、图纸会审）齐全。本专业分项工程施工安全、技术交底完成且记录完整。施工材料进场检验、抽检合格，安装条件已具备。

（2）设备开箱检查

根据轨道交通甲供设备管理办法，会同施工单位、监理单位、供货商、集成商、业主参与设备开箱检查。检查形式：按照装箱单核对到货数量、技术参数、外观质量、随机文件等。最后形成书面的《设备开箱检查记录》，签字存档。

（3）二次搬运

专业专项施工方案编制过程中要根据设备外形尺寸和质量确定本专业大型设备运输路径，砌筑施工阶段要提前预留运输通道。箱柜垂直吊装作业需根据轨道交通起重吊装管理办法开具吊装令。柜（盘）顶部有吊环者，可将吊索穿吊环吊装或固定在四角主要承力结构处吊装，不得直接将吊索挂在设备部件上。搬运时首先清理路径，保证平整通畅，缓慢运输。

（4）设备型钢基础制作安装

① 施工测量：根据施工平面图，精确定位基础安装位置。全面复测原始结构地坪的标高，核对标高是否满足型钢基础的安装要求。如果车站建筑地坪有坡度，配电柜室内以房间物理中心标高作为房间里装饰完成面标高。配电柜安装要保证柜后离墙的距离

不小于 0.8m，双排柜的盘面距离不小于 2.4m。现场实测不满足安装要求时，要书面向设计反馈。

② 基础型钢制作安装：基础型钢材质按照施工图进行采购安装，如设计未明确安装方式可参见《地铁工程机电设备系统重点施工工艺——动力、照明、接地》（14ST201-6）第 5～11 页。安装过程中需要对落地设备基础以及接地等隐蔽内容进行隐蔽验收并形成《隐蔽验收记录》。基础制作完成后还需进行验收，基础型钢的安装误差应符合《建筑电气工程施工质量验收规范》（GB 50303—2015）第 5.2.1 的要求，并形成《设备基础验收记录》（图 2-1-1）。

图 2-1-1　基础型钢测量

（5）配电柜安装

配电箱柜安装根据施工安装平面图纸位置，核对设备编号有序的将设备摆放在基础型钢上，照明配电室等配电箱集中安装的房间内要对配电箱进行预排，保证每个配电箱门可正常开启。EPS 柜根据设备安装指导书预留足够的检修以及散热空间。同一房间内强电和弱电的配电箱安装高度尽量统一，做到简洁美观。配电箱底边距地面 1000～1400mm，顶面高度不超过 2000mm 以便于操作维修。车站公共区以及设备区装饰板内安装的配电箱应在装饰装修深化设计阶段进行排版定位，排版图应由机电施工单位会签后方可实施。配电柜安装就位后先找正两端的配电柜，在配电柜 2/3 高的位置设置基准线，逐台对齐找正。找正时采用 0.5mm 铁片进行调整，每处垫片最多不能超过 3 片。然后按照固定配电柜的螺栓孔尺寸，在基础型钢上钻孔，采用防松螺栓固定。箱柜固定完成后才能进行柜间母线连接，母线安装需设备厂家指导，母线的尺寸、连接螺栓的扭力以及止退装置应全数检查，并形成检查记录。箱柜安装完成后，其垂直度偏差、接缝尺寸等应按照《建筑电气工程施工质量验收规范》（GB 50303—2015）第 5.2.5 的要求进行检查并形成检查记录（图 2-1-2）。

图 2-1-2　配电柜安装

（6）半成品保护

配电柜安装就位后，应采用定制具备防尘防水功能的防护罩进行覆盖，表面悬挂或喷涂明显的防护字样，防护罩应美观醒目，如果现场安装环境湿度较大还需要设置一两台除湿机。对于预留基础表面采用花纹钢板进行覆盖。

（7）调试

低压成套配电柜送电前需按照《电气装置安装工程 电气设备交接试验标准》（GB 50150—2016）的规定进行100%交接试验，并形成交接试验记录。用1000V绝缘摇表在端子板处测试每条回路的电阻，必须大于0.5MΩ；二次小线回路如有晶体管，集成电路、电子元件时，该部位的检查不准使用绝缘摇表测试，经过验电，校相，检测无误后方可送电运行。低压成套配电柜送电运行前需按照《电气装置安装工程 电气设备交接试验标准》（GB 50150—2016）的规定，每个配电箱（盘）不少于1个，进行剩余电流动作试验，并形成对应试验记录。

4. 质量控制要点

（1）参见《地铁工程机电设备系统重点施工工艺——动力、照明、接地》（14ST201-6）第4页成套配电箱柜安装施工要点。

（2）箱柜门正常开启角度应大于90°，由于在施工平面图中配电箱尺寸仅为示意，施工工序有先后，很容易出现配电箱因其他设备安装后箱柜门无法开启。气瓶间最易出现此类问题。

（3）配电箱柜正上方应避免出现灯具、水管、空调风口、气体灭火喷头。管线排布前应仔细核对各专业图纸，如无法避免应采取保护措施。

（4）车站公共区装饰墙、柱内安装的配电箱在公共区装饰装修深化设计阶段要考虑配电箱的安装空间。

（5）安装于结构侧墙表面的配电箱要考虑架空，安装防止结构渗漏水进入箱体。

（6）位于架空防静电地板下的弱电等电位接地箱如果尺寸超过架空地板龙骨间距，应调整至架空地板上方侧墙，防止出现柜门无法打开的情况。

（7）进入配电箱的线管或与配电箱连接的桥架需用不小于4mm^{2}铜芯软导线做接地连接。

第二节　导管及桥架安装

1. 施工工艺流程

施工准备→预留孔洞→放线定位→支架、管卡安装→敷设、连接→变形缝处理→标识喷涂

2. 材料要求

（1）核对生产厂商是否与合同约定一致。

（2）钢导管和桥架进场检查项目分别依据《建筑电气工程施工质量验收规范》（GB 50303—2015）第 3.2.13 条和 3.2.16 的规定，并形成《进场检验记录》。

（3）电缆桥架及其固定支撑应能防腐，桥架及其他钢件（包括盖板、隔板、连接片、调角片、伸缩节、钢件螺栓、螺母、垫圈等）表面应镀锌处理。

（4）核对到货数量和订货数量是否一致。

3. 施工工艺操作

（1）施工准备：施工技术文件（施工图、设计交底、图纸会审）齐全。分项工程施工安全、技术交底完成且记录完整。施工材料进场检验、抽检合格。

（2）预留孔洞：根据设计图标注的轴线部位，将预制加工好的穿墙套管固定在标出的位置上，两端超出墙体 10mm，并进行调直、找正，待墙体抹平时做好孔洞收边收口工作（图 2-1-3）。

图 2-1-3　预留孔洞

（3）放线定位：管线施工前各类设备定位应完成。各类灯具、开关面板、插座、配电箱安装位置已经现场放样。根据施工图进行实地放样，放样的原则优先集中布置，以便于后期检修，工艺也更加美观，提高施工效率。过线盒放样应避开顶部狭小空间，防止出现无法敷设导线的情况。地面暗敷的管线放样定位应避开水沟以及设备基础。墙面开凿前应画线定位，防止随意开凿影响结构受力。桥架放样应从始端至终端（先干线后

支线）找好水平或垂直线，用墨盒沿墙壁、顶棚和地面等处，在线路的中心线进行弹线，按照设计图纸要求及施工验收规范规定，均分并用笔标出具体位置（图 2-1-4）。

图 2-1-4　放线定位

（4）支架、管卡安装：车站内的导管采用“离墙码”固定于侧墙或者顶板。公共区及设备区顶棚内采用金属吊架固定，参见《钢导管配线安装》（03D301-3）第 27 页。金属圆钢的直径不得小于 8mm，并应设置“防晃”支架，在距离盒（箱）、分支处或端部 0.3～0.5m 处应设置固定支架。区间隧道内的钢导管固定采用镀锌 C 型钢以及配套管卡，C 型钢采用镀锌膨胀螺栓固定于隧道壁。车站站台板下安全照明采用阻燃 PC 管。所有导管支架间距应符合《建筑电气工程施工质量验收规范》（GB 50303—2015）第 12.2.6 的规定。桥架支架与吊架材料选型要求：

① 桥架宽小于等于 200mm 的电缆桥架支吊架，底座采用 L5×5 的镀锌角钢，立杆采用 $\phi 8$ 的通丝，横担采用 40mm×40mm×4mm 的镀锌角钢。支架底座采用 M10 的膨胀螺栓进行固定。桥架支吊架水平间距为 1500mm，垂直间距为 1000mm，在桥架的首段、尾端 200mm 处以及三通、四通各端头 500mm 处、伸缩节两端、伸缩缝、沉降缝处均架设支架。

② 支架的立柱高度为：L=建筑结构净高（H）－现场支架标高（h），支架横担长度 M=桥架宽度＋80（mm）×2。

③ 桥架宽等于 300mm 的支架，支吊架立杆采用 40mm×40mm×4mm 的镀锌角钢，横担采用 40mm×4mm 的镀锌角钢，底座采用 75mm×75mm×7mm 的镀锌角钢；桥架宽小于等于 600mm 且大于 300mm 的支吊架，支吊架立杆采用 50mm×50mm×5mm 的镀锌角钢，横担采用 50mm×50mm×5mm 的镀锌角钢，底座采用 200mm×200mm×10mm 的镀锌钢板；桥架宽小于等于 1000mm 且大于 600mm 的支吊架，支吊架立杆采用 50mm×50mm×5mm 的镀锌角钢，横担采用 50mm×50mm×5mm 的镀锌角钢，支吊架底座采用 200mm×200mm×10mm 的镀锌钢板。

④ 支架的立柱高度：L=建筑结构净高（H）－现场支架标高（h），支架横担长度 M=桥架宽＋50（mm）×2＋角钢宽（mm）×2。

支架、管架安装如图 2-1-5 所示。

图 2-1-5 支架、管架安装

（5）线管及桥架敷设、连接：导管安装工艺要求横平竖直。由于现行设计普遍采用镀锌钢导管，因此管道连接采用螺纹连接或紧定连接。消防管路需要涂刷防火漆。区间隧道内采用防爆过线及出线盒。导管切割下料后应用锉刀打磨切口周围的毛刺，防止敷设线缆时，割坏绝缘层。导管弯曲半径应符合《建筑电气工程施工质量验收规范》（GB 50303—2015）第 12.2.1 的规定。一般抹灰完成后的墙面开凿布管在墙面修补时应挂设纤维网格布，防止墙面开裂。敷设于混凝土内的钢导管机械接头除采用扁钢固定外，还需要防水处理（防水胶带缠绕）。有水房间的设备应采用下进下出的布管方式以及设置防水弯头。设备终端可绕金属软管的长度应控制：动力小于 0.8m，照明小于 1.2m。管道与配电箱以及过线盒采用内外螺纹锁母，或专用紧定接头。螺纹接头锁紧后外露 1～2 丝为宜。箱盒侧面及底面的导管口在线缆敷设前应采用胶带或者专用堵头进行封堵，防止砂浆及其他异物堵住导管。桥架安装工艺要求横平竖直。镀锌桥架、托盘和槽盒本体之间的连接应牢固，与保护导体间的连接应符合《建筑电气工程施工质量验收规范》（GB 50303—2015）第 11.1.1 的规定。电缆槽盒转弯、分支处宜采用专用连接配件，其弯曲半径不应小于电缆槽盒内电缆最小允许弯曲半径，电缆最小允许弯曲半径应符合《建筑电气工程施工质量验收规范》（GB 50303—2015）表 11.1.2 的规定。直线段钢制桥架、槽盒长度超过 30m，铝合金桥架、槽盒长度超过 15m 时，应设置伸缩节，伸缩量为 2～3cm；当桥架、槽盒跨越建筑物变形缝处时，应设置补偿装置。水平安装的支架间距宜为 1.5～3.0m，垂直安装的支架间距不应大于 2m。采用金属吊架固定时，圆钢直径不得小于 8mm，并应有防晃支架，在分支处或端部 0.3～0.5m 处应有固定支架（图 2-1-6）。

（6）变形缝处理：参见《钢导管配线安装》（03D301-3）第 39～40 页。

（7）接地处理：导管接地采用专用的接地卡固定，保护联结导体应不小于 $4mm^2$ 铜芯软导线（图 2-1-7）。

（8）标识喷涂：

① 根据桥架、线槽的宽度确定字模字体的大小：宽度小于 200mm 时，字体宽度为 50～60mm；宽度大于 200mm 时，字体宽度为 100mm，字体间距不大于 1 个字符。

图 2-1-6　线管及桥架敷设、连接

图 2-1-7　接地处理

② 桥架喷漆的字模宜采用竖向排板，根据设计图纸标明桥架用途（消防桥架、非消防桥架、弱电桥架、消防弱电桥架、强电桥架等）。

③ 标识应标在易于观察的部位，竖向桥架应标识在正面居中。水平桥架高度小于1.5m 时，标识在顶面或侧面；多层桥架或高度在 1.5～2.0m 时，标识在侧面；高度大于 2.0m 时，标识在底面或侧面。竖向每层强、弱电井均要标识，水平长直桥架直线段标识间距宜为 20m，桥架分支处、转弯处做标识。

④ 喷涂字体牢固、清晰，喷涂无流坠。

标识喷涂如图 2-1-8 所示。

4. 质量控制要点

（1）配管安装要点参见《地铁工程机电设备系统重点施工工艺》（14ST201-1）第4～5 页。

图 2-1-8 标识喷涂

（2）桥架安装要点参见《地铁工程机电设备系统重点施工工艺》（14ST201-1）第30～31 页。

（3）管道连接紧密，管口光滑，无毛刺，护口齐全，明配管及其支架、吊架应平直牢固、排列整齐，线管弯曲处无明显折皱，油漆防腐完整。

（4）盒、箱设置正确，固定可靠，线管进入盒、箱处顺直，在盒、箱内露出的长度小于 5mm。线路进入电气设备和器具的管口位置正确。管道间距每隔 1.2m 设置管卡，离配电箱、按钮箱 500mm 设置管卡，并采用不小于 $4mm^2$ 的单芯双色导线做跨接地线连接。

（5）明敷管线导管应排列整齐，固定点距离均匀，安装牢固；管卡与终端、转弯中点、电气器具或接线盒边缘的距离为 150～500mm，中间的管卡最大距离应该符合规范要求。

（6）现场材料堆放整齐，废料堆放到指定地点，严格做到工完料清场清。

（7）桥架敷设：桥架应紧贴建筑物表面，固定牢靠，横平竖直，布置合理，盖板无翘角接口严密整齐，拐角、转角、丁字连接、转弯连接正确严实，桥架内外无污染。

（8）钢制桥架直线段长度每 30m 或跨越变形缝处设置伸缩节，补偿装置长度为 20mm。在桥架下方居中喷涂（伸缩节）明显标识。

第三节 电线及电缆敷设

1. 施工工艺流程

施工准备→电线、电缆敷设→电缆头制作、接线→挂标识牌→防火封堵。

2. 材料要求

（1）核对生产厂商是否与合同约定的厂家一致。

（2）材料进场检查项目依据《建筑电气工程施工质量验收规范》（GB 50303—2015）第 3.2.12 条的规定，并形成《绝缘测试记录》《进场检验记录》以及有资质的第三方复测报告（图 2-1-9）。

图 2-1-9　材料检查

（3）检查到货数量与订购数量是否一致。

3. 施工工艺操作

（1）施工准备：电缆桥架及导管应安装验收完毕。施工技术文件（施工图、设计交底、图纸会审）齐全，分项工程施工安全、技术交底完成且记录完整，施工材料进场检验、抽检合格，配电回路明细表核对完成。

（2）线缆敷设：电缆沿桥架或托盘敷设时，应单层敷设，排列整齐。不得有交叉，拐弯处应以最大截面电缆允许弯曲半径为准。不同等级电压的电缆应分桥架敷设，高压电缆应敷设在上层。同等级电压的电缆沿支架敷设时，水平净距不得小于 35mm。沿支架敷设时，支架距离不得大于 1.5m；沿桥架或托盘敷设时，每层最少加装两道卡固支架。敷设时，应放一根立即固定一根（图 2-1-10）。

图 2-1-10　线缆敷设

（3）电缆头制作及接线：电缆头制作或接线前应进行回路绝缘测试并形成《绝缘测试记录》，电缆头制作前应根据配电系统图进行回路校相、回路核对，确认无误后方可进行制作。热缩式电力电缆头可参考《地铁工程机电设备系统重点施工工艺》(14ST201-1) 第 27 页。10mm^2 以上硬线均需要设置铜端子，6mm^2 及以下单股硬线可直接压接。多股软芯线均需设置铜端子。铜端子的型号与电缆截面匹配，电缆与铜端子应完全重合，从而保证导电良好。线缆的相色应符合黄色（A）、绿色（B）、红色（C）、蓝色（N）、黄绿双色（PE）的要求。电缆头采用螺栓锁紧时应设有防松垫片。为保证导电率，一个螺栓上的接线端子不应超过两个（图 2-1-11）。

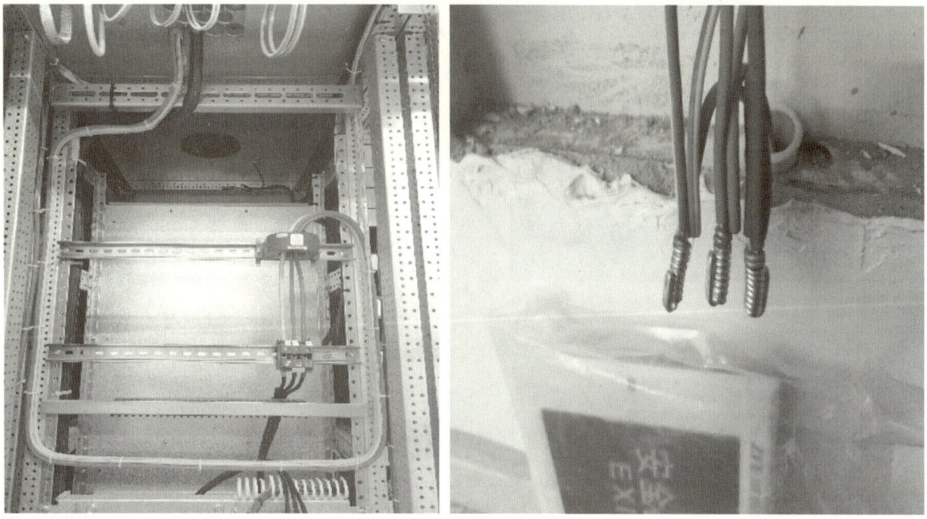

图 2-1-11　电缆头制作及接线

（4）挂标识牌：标识牌规格应一致，并有防腐性能，挂装应牢固。标识牌上应注明电缆编号、起点及终点、规格、型号及电压等级。直埋电缆进出建筑物、电缆井及两端应挂标识牌。沿支架及桥架敷设的电缆在其两端、拐弯处、交叉处应挂标识牌，直线段应适当增设标识牌（图 2-1-12）。

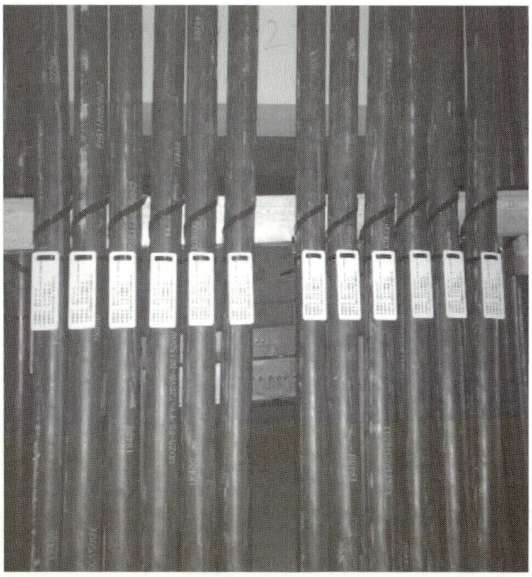

图 2-1-12　标识牌

(5) 防火封堵：电缆穿过楼板时，应装套管，敷设完后应将套管用防火材料封堵严密（图 2-1-13)。具体做法可参考《地铁工程机电设备系统重点施工工艺》(14ST201-1) 第 48～54 页。

图 2-1-13 防火封堵

4. 质量控制要点

(1) 线缆敷设要点参见《地铁工程机电设备系统重点施工工艺》(14ST201-1) 第 23～25 页。

(2) 防火封堵要点参见《地铁工程机电设备系统重点施工工艺》(14ST201-1) 第 46～47 页。

(3) 标识柱和标识牌设置准确；防燃、隔热和防腐要求的电缆保护措施完整。在支架上敷设时，固定可靠，同一侧支架上的电缆排列顺序正确，控制电缆在电力电缆下面，1kV 及其以下电力电缆应放在 1kV 以上电力电缆下面。

(4) 电缆转弯和分支处不紊乱，走向整齐清楚、电缆标识桩、标识牌清晰齐全。电缆最小弯曲半径和检验方法应符合《建筑电气工程施工质量验收规范》(GB 50303—2015) 表 11.1.2 的规定。

(5) 沿支架或桥架敷设电缆时，应防止电缆排列不整齐，交叉严重。电缆施工前须将电缆事先排列好，画出排列图表，按图表进行施工。电缆敷设时，应敷设一根整理一根，固定一根。

(6) 沿桥架或托盘敷设的电缆应防止弯曲半径不够。在桥架或托盘施工时，施工人员应考虑满足该桥架或托盘上敷设的最大截面电缆的弯曲半径的要求。

(7) 防止电线标识牌挂装不整齐，或有遗漏，应由专人复查。

第四节 开关及灯具安装

1. 施工工艺流程

施工准备→预留预埋→灯具、面板安装→通电试运行→成品保护。

2. 材料要求

(1) 灯具材料进场检查项目依据《建筑电气工程施工质量验收规范》(GB 50303—

2015）第 3.3.10 条的要求进行检验并形成《进场检验记录》。

（2）开关、插座材料进场检查项目依据《建筑电气工程施工质量验收规范》（GB 50303—2015）第 3.2.11 条的规定，并形成《绝缘测试记录》《进场检验记录》，对部分性能有异议时应进行见证送检（图 2-1-14）。

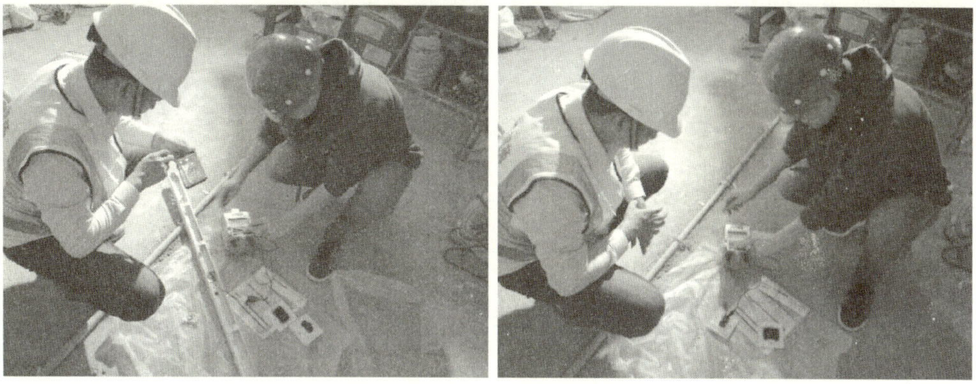

图 2-1-14 开关、插座材料检查

（3）灯具、开关及插座的品牌应符合合同约定。

3. 施工工艺操作

（1）施工准备：设备的本体安装大样图或者实物已收集齐全。线缆敷设完成、线路绝缘测试合格，上一道工序验收完成。施工技术文件（施工图、设计交底、图纸会审）齐全。系统各分项工程施工安全、技术交底完成且记录完整。施工材料进场检验、抽检合格。

（2）预留预埋：开关、插座以及其他控制面板暗装时需要进行预埋。预埋底盒的安装应根据面板的布局定位然后分解为底盒的安装定位。定位前要综合考虑房间布置、是否有箱柜遮挡，如有遮挡应反馈给设计单位进行调整。底盒安装禁止凸出装饰面层，并和预埋导管一起进行隐蔽验收。预埋槽盒安装完成后应采取防堵措施，例如填塞泡沫、透明胶带密封、装饰板覆盖（图 2-1-15）。

图 2-1-15 底盒预埋

(3) 灯具、面板安装：灯具和开关插座安装前应分别符合《建筑电气工程施工质量验收规范》(GB 50303—2015) 第 3.3.15 和 3.3.16 条的规定。机柜以及母线正上方，整流变压器隔离门内，空调送风口正下方严禁安装灯具。普通灯具在同一房间或走道内高度应保持一致，弹线定位。灯具接线前应进行相序以及回路核对。疏散指示灯具安装前要核查疏散指示的方向以及安装距离。灯具安装方式可参考《地铁工程机电设备系统重点施工工艺》(14ST201-6) 第 13～37 页。开关面板安装在房间门的门轴对侧。以门框边为起点，距门框边距离 200mm 依次为照明开关、出门按钮、VRV 控制面板、紧急出门按钮，所有面板底边平，间距 5mm。开关应控制相线的通断，单相两孔插座安装时，面对插座的右边孔与相线连接，左孔与中性线连接；单相三孔插座安装时，面对插座的右边孔与相线连接，左孔与中性线连接，接地线与上孔连接。插座间接地线严禁断开串联。所有设备的安装高度应符合设计要求 (图 2-1-16)。

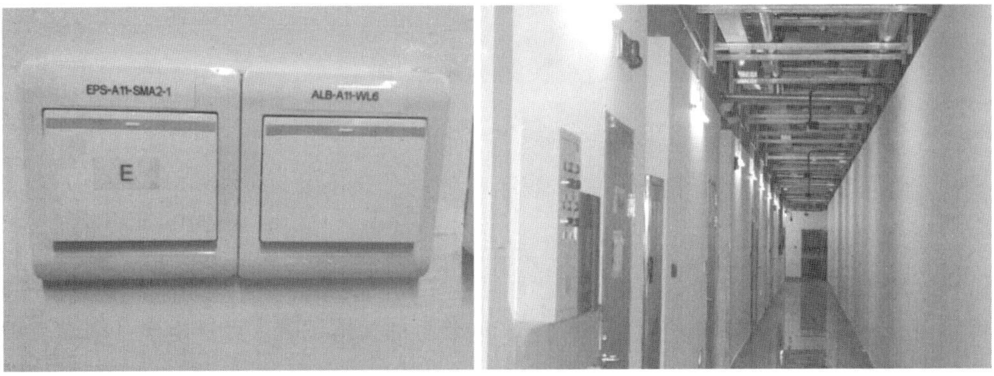

图 2-1-16　灯具、面板安装

(4) 通电试运行：所有灯具、开关及插座完成后应通电测试。通电测试前应符合《建筑电气工程施工质量验收规范》(GB 50303—2015) 第 3.3.17 条的规定。通电测试应当验证照明开关的控制是否符合设计要求，各照明回路配电是否符合设计要求。检测各个区域的照度，并形成《照度测试记录》。灯具通电测试完成后，进行 24h 照明全负荷试验，并形成《照明 24 小时全负荷试验记录》。插座回路应与设计配电回路一致，剩余电流保护动作时间进行测试并形成《测试记录》。

(5) 成品保护：开关及插座面板安装完成后应采用塑料膜进行覆盖保护，防止装饰涂刷时造成表面污染以及粉尘进入设备内 (图 2-1-17)。

4. 质量控制要点

(1) 灯具、开关插座安装要点参见《地铁工程机电设备系统重点施工工艺》(14ST201-6) 第 13～14 页。

(2) 成排灯具中心线偏差超出允许范围：在确定成排灯具的位置时宜拉线进行定位。

(3) 柔性导管与灯具壳体应采用专用接头连接。

(4) 消防应急回路的设置除符合设计要求外，尚应符合防火分区设置的要求，穿越不同防火分区时应采取防火隔堵措施。

(5) 灯具安装应避开设备机柜的正上方进行安装。

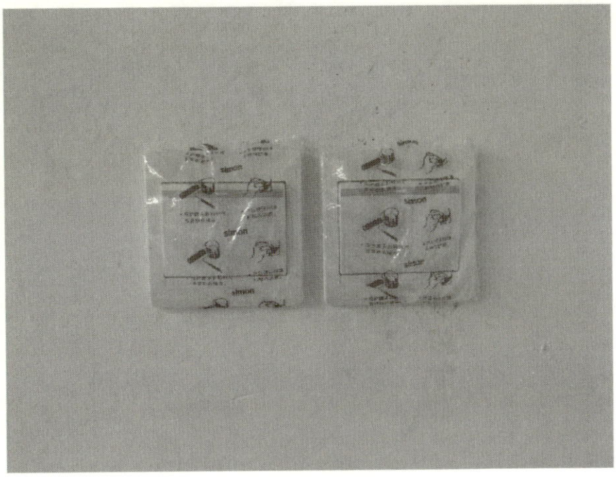

图 2-1-17 开关及插座面板成品保护

第五节 防雷接地安装

1. 施工工艺流程

施工准备→预留、预埋→等电位箱（弱电接地箱）安装→接地线缆敷设→等电位（接地）联结→接地测试。

2. 材料要求

（1）防雷及接地装置所有部件均应采用铜质或热浸镀锌材料，并有出厂合格证和材质证明书。在施工过程中应注意保护镀锌层。其主要镀锌材料有扁钢、角钢、螺栓、垫圈、弹簧垫圈、支架等。

（2）车站主体结构施工单位交接 PCE、WCE 以及第三方出具的《接地测试报告》。

（3）等电位端子箱进场验收，并形成《开箱检查记录》和《进场验收记录》。

3. 施工工艺操作

（1）施工准备：图纸、设计交底、图纸会审等技术资料齐全，分项工程施工安全、技术交底完成。施工材料进场检验、抽检合格。

（2）预留、预埋：配电柜基础、风机、水泵等设备的等电位接地采用热镀锌扁钢埋地敷设，扁钢连接采用搭接焊，搭接长度应符合《建筑电气施工质量验收规范》（GB 50303—2015）第 22.2.2 条的规定。地面混凝土垫层浇筑前应对接地线进行隐蔽验收，并形成《隐蔽验收记录》。400V 开关柜室以及环控电控室内明敷的接地干线应符合《建筑电气施工质量验收规范》（GB 50303—2015）第 23.2.2 和 23.2.6 条的规定（图 2-1-18）。

（3）等电位端子箱：根据设计图纸要求，确定各等电位端子箱的位置，一般宜靠近电源进线位置，将等电位端子箱固定在底边离地 300mm 高的位置，把管道预埋到位（图 2-1-19）。弱电接地排端子箱安装在防静电架空地板下，如果不便开启可将其安装至地板上方。箱体安装过程中要检查箱体内的铜排以及孔位数量和螺栓是否齐全。局部等电位安装参见《地铁工程机电设备系统重点施工工艺》（14ST201-6）第 57 页。

图 2-1-18　预留、预埋

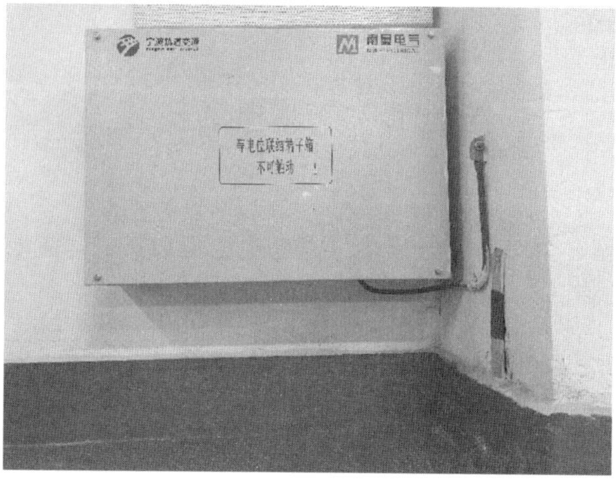

图 2-1-19　等电位端子箱

（4）等电位（接地）联结：卫生间内金属地漏、下水管、洗脸盆、金属扶手等设备通过不小于 6mm^2 单芯铜导线穿 PC 管于地面或墙内敷设，再与局部等电位端子排连接。连接时抱箍与管道接触处的接触面须刮拭干净，安装完成后刷防锈漆。配电室钢制防火门采用铜编织与接地干线连接，连接螺栓垫片采用爪垫，接地线与挡鼠板应互不影响。防静电架空地板接地做法参见《地铁工程机电设备系统重点施工工艺》（14ST201-6）第 59 页。

（5）接地测试：接地测试仪表应鉴定合格，并且在有效期内。车站防雷接地由第三机构进行检测并出具检测报告（图 2-1 20）。

4. 质量控制要点

（1）防雷及接地安装要点参见《地铁工程机电设备系统重点施工工艺》（14ST201-6）第 38～39 页。

（2）建筑物等电位联结干线应从与接地装置有不少于 2 处直接连接的接地干线或总电位箱引出，等电位联结干线或局部等电位箱间的连接线形成环形网络，环形网络应就近与等电位联结干线或局部等电位箱连接。支线间不应串联连接。

图 2-1-20　接地测试

（3）等电位联结的可接近裸露导体或其他金属部件、构件与支线连接应可靠，熔焊或机械紧固应导通正常。

（4）需等电位联结的金属零件或部件，应由专用接下螺栓与等电位连接支线连接，且有标识；连接处螺母紧固、零件齐全。

（5）区间照明（含疏散）采用穿管沿电缆支架敷设，电缆支架需用扁钢做等电位联结，并在车站端部通过电缆与车站设备接地端子排相连；区间给排水、区间环网电缆支架、弱电电缆支架均需在车站与区间连接位置，通过电缆分别连至强、弱电接地端子排。

（6）接地端子箱尽量布置在房间角落，不得影响设备检修空间及人员通行；静电地板下设有接地端子排的位置，应在静电地板上墙面设置明显标识。

第二章 通风与空调工程

第一节 风管制作安装

1. 工艺流程

施工准备→预留预埋→支吊架制作安装→风管制作安装→风阀及部件安装→风管试验→风管绝热→防火封堵→管道标识。

2. 材料要求

(1) 镀锌钢板：金属风管的材料品种、规格、性能与厚度等应符合设计及规范要求。钢板或镀锌钢板的厚度不小于《通风与空调工程施工质量验收规范》(GB 50243—2016) 的规定；所采购的镀锌钢板各项指标应符合《连续热镀锌和锌合金镀层钢板及钢带》(GB/T 2518—2019) 的要求，锌层质量应符合《地下铁道工程施工质量验收标准》(GB/T 50299—2018) 的规定。供货方应出具通过国家权威检测部门测试的性能测试报告，所要求的各种物理量参数和力学性能均应满足相关标准的要求 (图 2-2-1)。

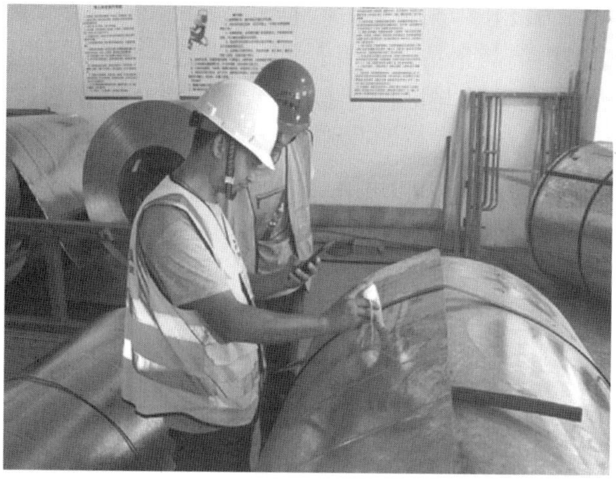

图 2-2-1 镀锌钢板检验

(2) 热镀锌等边角钢：金属矩形风管法兰选型应符合《通风与空调工程施工质量验收规范》(GB 50243—2016) 的规定。

3. 施工工艺操作

(1) 施工准备：通风系统施工技术文件 (施工图、设计交底、图纸会审) 齐全。各分项工程施工安全、技术交底完成且记录完整。施工界面 (墙面、顶面) 已具备。施工管材及设备进场检验、抽检合格。

(2) 预留、预埋：根据施工图纸复核车站结构预留的风管孔洞尺寸以及位置，如果预留有误，以书面形式告知相关施工单位，并要求限时整改闭合。墙体砌筑阶段，各风管穿墙孔洞需要在其预留孔洞下方墙体上进行放样定位标记。风管穿墙孔洞预埋套管采用不低于 1.6mm 厚的冷轧钢板，深度同墙厚，端部折边 1cm 保证其刚度，长边超出 600mm 的预埋套管可采用焊接角钢的方式进行加固。套管制作完成后需要内外表面涂刷防锈漆。套管顶部需要设置预制过梁，过梁同墙宽，单边与墙体搭接长度不小于 250mm。风管穿楼板洞口周边应设置不低于 100mm 的防水挡台（图 2-2-2）。

图 2-2-2 预留、预埋

（3）支吊架制作安装：支架的安装形式以及材料要求可参考 14ST201-2 图集第 75～76 页。金属风管的吊耳采用国家标准 10＃槽钢，长 100mm；上下机械开孔，槽钢切割端面应涂刷防锈漆、环氧富锌漆防止锈蚀。吊耳安装间距应满足设计及技术规范要求；支架的定位、安装测量放样指定专人负责，既要符合设计要求，又要与水电管支吊架协调配合，互不妨碍。支、吊架位置错开风口、风阀、检查门和测定孔等部位。立管穿越每层楼板面均设置支架，层内按风管规格及部件位置合理布置，具体做法可参考 14ST201-2 图集第 81 页。水平主、干管道每隔 20m 设置防晃支架；防晃支架做法参考 14ST201-2 图集第 78 页。支吊架锚栓应进行抗拔试验，试验合格后方可进行支架安装（图 2-2-3）。

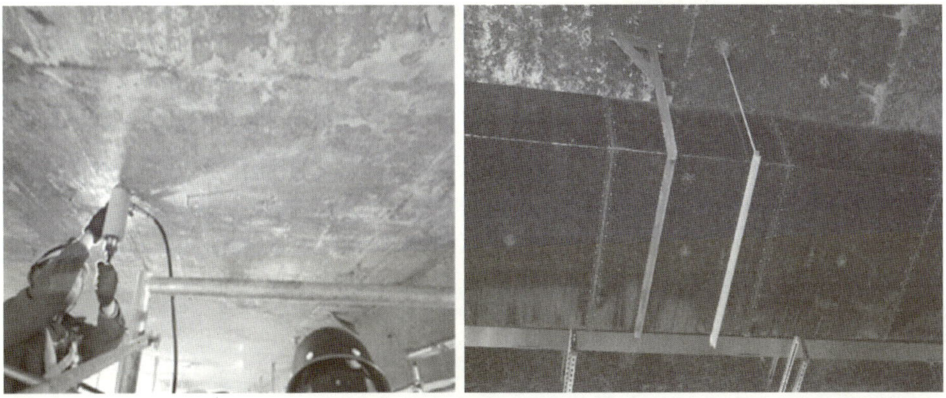

图 2-2-3 支吊架安装

（4）风管制作安装：制作金属风管的原材料（镀锌薄钢板）进场检验合格。隧道通风系统的“天圆地方”采用 3mm 的冷轧钢板现场焊接。普通的通风以及防排烟系统风管采用镀锌钢板制作，角钢法兰连接。金属风管的制作应符合 GB 50243—2016 第 4.3.1 条的规定，并对风管的物理尺寸及其偏差进行检查，形成检查记录。矩形风管的边长大于 630mm，或矩形保温风管边长大于 800mm，管段长度大于 1250mm；或低压风管单边平面面积大于 $1.2m^2$，中、高压风管大于 $1m^2$，风管应进行加固，加固方式详见 GB 50243—2016 图 4.3.1。风管穿越变形缝时应采用防火柔性短管。矩形金属风管弯头制作应符合 GB 50243—2016 第 4.3.6 条的规定。风管法兰垫片厚度不小于 3mm，垫片接口交叉长度不小于 30mm，严禁对口平缝。风管吊装采用手动葫芦，将风管吊起距离地面 200mm 静置 5min 试吊。试吊完成后开始正式吊装，提升风管高度至安装标高以上 200mm，拉水平线紧固支架横担，放下风管至横担上，确定安装高度。风管安装过程中应及时对端部敞口进行防尘封堵（图 2-2-4）。

图 2-2-4　风管制作安装

（5）防火阀及部件安装：防火阀的安装应该按照气流方向安装，温度熔断器一侧迎风。长边大于 630mm 的防火阀应单独设置支吊架且阀门距防火隔墙不超过 200mm。阀门的操作机构离墙间距宜大于 350mm。管道式消声器及静压箱应设置独立支吊架。空调送风口应避开设备正上方，以防止冷凝水产生（图 2-2-5）。

（6）风管试验：风管安装完成后开风口之前应进行强度及严密性试验。试验要求参考 GB 50243—2016 第 4.2.1 条的规定，并形成试验记录（图 2-2-6）。

图 2-2-5　防火阀及部件安装

图 2-2-6　风管试验

（7）防火封堵：防火封堵具体做法可参考《地铁工程机电设备系统重点施工工艺》（14ST201-1）第 48～54 页。

（8）管道标识：如设计未做要求，送风管、新风管宜为蓝色，排风管、排烟管宜为红色；如设计有要求则以设计要求为准（图 2-2-7）。

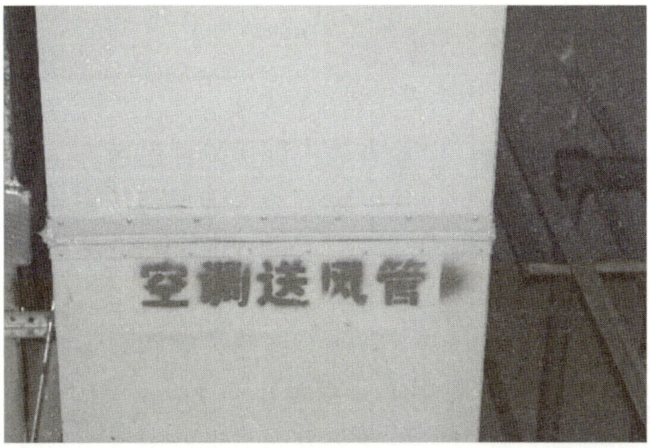

图 2-2-7　管道标识

4. 质量控制要点

（1）风管的定位放线严格按照设计图纸施工，当施工现场条件不满足施工要求时及时与设计沟通进行调整；

（2）当风管穿过需要封闭的防火、防爆的墙体或楼板时，必须设置厚度不小于1.6mm的钢制防护套管；风管与防护套管之间应采用不燃柔性材料封堵严密；

（3）金属风管垂直安装时，应设置至少2个固定点，支架间距不应大于4m；

（4）悬吊的水平主、干风管直线长度大于20m时，应设置防晃支架或防止摆动的固定点。保温风管与防晃支架垫以用于保温、绝热的防腐材料，材料厚度与风管保温层厚度保持一致；

（5）边长（直径）大于1250mm的弯头、三通等部位应设置单独的支、吊架；

（6）金属风管水平安装，直径或边长小于或等于400mm时，支、吊架间距不应大于4m；大于400mm时，间距不应大于3m；

（7）风管末端的支、吊架距风管端部的距离不应大于400mm；

（8）吊装完成后应检查风管与横担底部接触面是否紧密接触，如接触不紧密应及时调整吊杆螺栓高度直至风管底面与横担水平接触紧密、无缝。

第二节　风机安装

1. 施工流程

施工准备→设备基础制作→预留预埋→支吊架制作安装→风机、风柜安装→成品保护。

2. 材料要求

（1）检查包装是否完好，根据发货清单检查附件设备说明书、产品合格证、性能检测报告是否齐全；

（2）组织集成商、供货单位、监理单位、施工单位一起开箱验收，并形成书面记录；

（3）检查外观是否完好，检查配件是否齐全，检查铭牌参数是否与装箱清单一致，是否符合设计及图纸要求；

（4）做好开箱验收后的成品保护。

3. 施工工艺操作

（1）施工准备：风管安装前，应检查随机到货配件是否齐全，抱箍、减振器、软连接等附件的规格型号及尺寸是否与设计一致，能否满足现场安装要求。

（2）设备基础制作：卧式风机安装应根据设计图纸要求采用钢架基础或钢筋混凝土基础。当采用钢筋混凝土基础时，基础定位、尺寸、混凝土强度、配筋及预留预埋应符合设计要求。基础表面无蜂窝、麻面、裂纹、漏筋，观感效果良好，验收合格后方能安装。底座钢板焊接、隔振器安装、调平，高差小于2mm，用倒链、卷扬机、滚杠等工具搬运隧道风机至设备基础，注意风机安装方向与设计图纸一致（图2-2-8）。

图 2-2-8　设备基础制作

（3）预留、预埋：卧式风机安装时基础上应预埋厚度不低于 20mm 的钢板，钢板下方应焊接 J 形倒钩，倒钩顶部与钢板应双面满焊，呈非字形状对称分部，倒钩底部与基础内钢筋固定牢固。风机固定、调平，采取防松动措施，灌浆收口（图 2-2-9）。

图 2-2-9　基础预留、预埋

（4）支吊架制作安装及风机风柜安装：风机吊装时应选择弹性支吊架或型钢支架＋减振器进行吊装，具体做法可参考《地铁工程机电设备系统重点施工工艺——给排水、通风与空调系统》（14ST201-2）第 97～106 页。

（5）成品保护：风机、风柜安装就位后，应采用具备防尘防水功能的防护罩进行覆盖，表面悬挂或喷涂明显的防护字样，防护罩应美观醒目（图 2-2-10）。

图 2-2-10 成品保护

4. 质量控制要点

(1) 安装前基础验收要合格，基础尺寸符合风机安装要求，预埋钢板平整度符合设计要求；

(2) 风机减振应采用不燃材料制作的阻尼减振器；

(3) 风机安装完成后，叶轮旋转平稳，停转后不得每次停留在同一位置上；

(4) 风机通电试运行时，厂家与施工单位人员一起进行，其他无关人员应撤离至安全区域，待风机运转平稳后，测试各项参数；

(5) 风机性能测试，邀请监理单位参与，各项参数留原始记录。

第三节 射流风机安装

1. 施工工艺流程

复核预埋件→风机运输吊装→底座钢板及减振器安装调平→风机安装固定→消声筒固定→电气连接、设备调试。

2. 材料要求

(1) 检查包装是否完好，根据发货清单检查附件设备说明书、产品合格证、性能检测报告是否齐全；

(2) 组织集成商、供货单位、监理单位、施工单位一起开箱验收，并形成书面记录；

(3) 检查外观是否完好，检查配件是否齐全，检查铭牌参数是否与装箱清单一致，是否符合设计及图纸要求；

(4) 做好开箱验收后的成品保护。

3. 施工工艺操作

(1) 复核预埋件：检查风机安装平台及预埋件是否符合设计图纸要求，复核预埋件位置并进行拉拔试验；

（2）风机运输吊装：射流风机整体吊运至区间隧道，再用平板车水平运输至安装平台，若无条件整体吊运，需在厂家指导下对风机两端消声筒进行拆除，分体吊运，在安装平台处重新组装；

（3）底座钢板及减振器安装调平：底座钢板焊接、隔振器安装、调平，高差小于2mm，用倒链、卷扬机等工具，搬运射流风机至安装平台，注意风机安装方向与设计图纸一致；

（4）风机安装固定：风机固定、调平，采取防松动措施（图 2-2-11）；

图 2-2-11 射流风机固定、调平

（5）消声筒固定：若分体吊运的射流风机，待风机固定调平后，在厂家指导下重新连接两端消声筒，两端消声筒用钢丝绳斜拉固定于隧道侧壁；

（6）电气连接、设备调试：风机接地测试，电源连接，风机试运转，各项性能参数测试并记录成册。

4. 质量控制要点

（1）安装前检查射流风机安装平台尺寸，预埋钢板位置及平整度；

（2）风机减振需采用阻尼减振器；

（3）风机安装完成后，叶轮旋转平稳，停转后不得每次停留在同一位置上；

（4）风机通电试运行时，厂家与施工单位人员一起进行，同时，风机通电试运转时，人员应撤离至安全区域，待风机运转平稳后，测试各项参数；

（5）风机性能测试，邀请监理单位参与，各项参数留原始记录。

第四节 组合式消声器安装

1. 施工工艺流程

施工准备→设备基础制作→消声器安装→成品保护。

2. 材料要求

（1）消声材料的材质应符合工程设计的规定，外壳应牢固严密，不得漏风；

（2）消声器充填的消声材料，体积密度应符合设计要求，铺设应均匀，并应采取防止下沉的措施；

（3）片式阻性消声器、消声片的材质、厚度及片距，应符合产品技术文件要求。

3. 施工工艺操作

（1）施工准备：设备进场时，应与集成商、监理单位、供货商一起进行开箱检查。检查设备随机资料、铭牌是否齐全完整，确认设备与货单无误后进行签字验收，留存归档；

（2）设备基础制作：设备基础制作完成后，应与监理单位、专业质检员进行质检。确认尺寸偏差符合设计及规范要求后，方可安装；

（3）消声器安装：消声器安装时应严格按照供货商提供的交底文件及技术要求安装，如现场存在安装问题，及时与厂家及设计人员沟通。隧道风机、排热风机及推力风机前后“天圆地方”须设置检修孔，检修孔尺寸可统一为 600mm×600mm，检修门与“天圆地方”之间采用螺栓固定（图 2-2-12）。

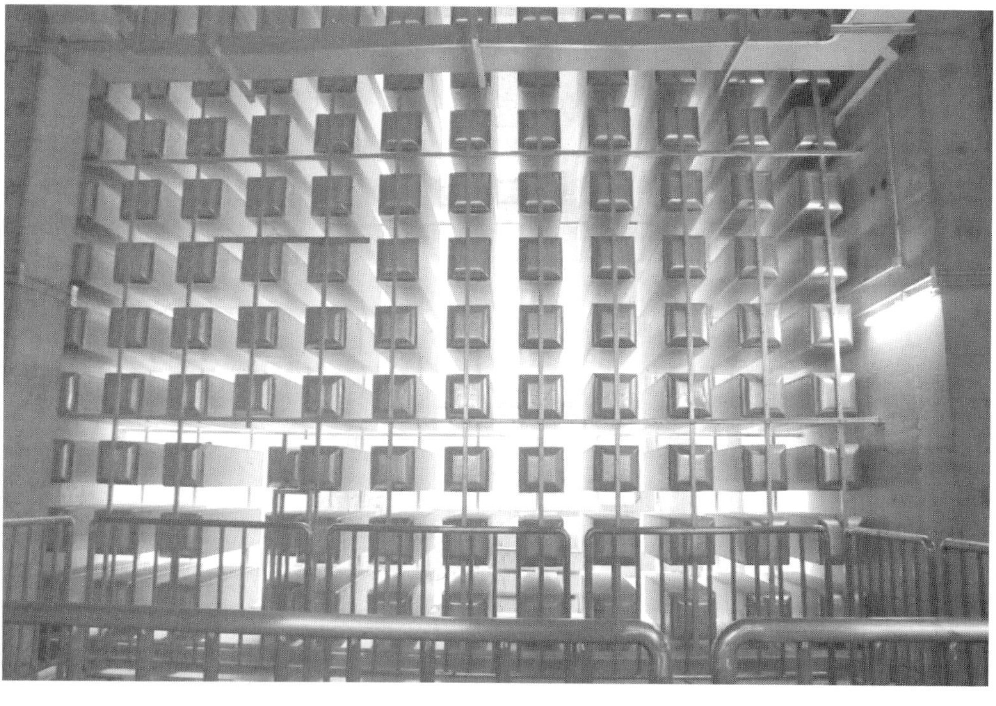

图 2-2-12 消声器安装

（4）成品保护：安装就位后，应清除消声器内杂物并清扫干净，采用具备防尘、防水功能的防护罩进行覆盖，表面悬挂或喷涂明显的防护字样，防护罩应美观醒目。

4. 质量控制要点

（1）现场组装的消声室（段）、消声片的结构、数量、片距及固定应符合设计要求；

（2）阻抗复合式、微穿孔（缝）板式消声器的隔板与壁板的结合处应紧贴严密；板面应平整、无毛刺，孔径（缝宽）和穿孔（开缝）率和共振腔的尺寸应符合国家现行标准的有关规定；

（3）消声器与消声静压箱接口应与相连接的风管相匹配；

（4）现场安装的组合式消声器，消声组件的排列、方向和位置应符合设计要求。单个消声器组件的固定应牢固。

第五节　绝热保温工程

1. 施工工艺流程

施工准备→水管表面清理→管壳安装、扎带安装→铝皮安装。

2. 材料要求

管道的绝热层、绝热防潮层和保护层，应采用不燃或难燃材料，材质、密度规格与厚度应符合设计要求。空调冷冻水供、回水管、空调凝结水管、阀件需保温。保温材料应按设计要求密度选择离心法玻璃棉管壳，机房内管道采用铝皮保护层，其他位置采用保温层外覆高强度防潮防火夹筋复合铝箔作为隔汽防潮保护层。

3. 施工工艺操作

（1）施工准备：水管保温前应准备好与保温管道相匹配的离心玻璃棉管壳、铝箔胶带及铝皮，离心玻璃棉管壳的密度、厚度等应符合设计要求。绝热工程施工时，应采取防火防雨等措施（图 2-2-13）。

图 2-2-13　施工准备

（2）水管表面清理：水管保温前应清理表面，涂刷防腐层漆，且厚度均匀。

（3）管壳安装扎带安装：管道采用玻璃棉或岩棉管壳保温时，管壳规格与管道外径应相匹配，管壳的纵向接缝应错开，管壳应采用金属丝、粘结带等捆扎，间距应为300～350mm，且每节至少应捆扎两道；管道的绝热防潮层（包括绝热层的端部）应完整，并应封闭良好。立管的防潮层环向搭接缝口应顺水流方向设置；水平管的纵向缝应位于管道的侧面，并应顺水流方向设置；带有防潮层绝热材料的拼接缝应采用粘胶带封严，缝两侧粘胶带搭接的宽度不应小于 20mm。胶带应牢固地粘贴在防潮层面上，不得有胀裂和脱落。

(4) 铝皮安装：圆形保护壳应贴紧绝热层，不得有脱壳、褶皱、强行接口等现象。接口搭接应顺水流方向设置，并应有凸筋加强，搭接尺寸应 20～25mm 。采用自攻螺钉紧固时，螺钉间距应匀称，且不得刺破防潮层。管道或管道绝热层的外表面，应按设计要求进行色标（图 2-2-14）。

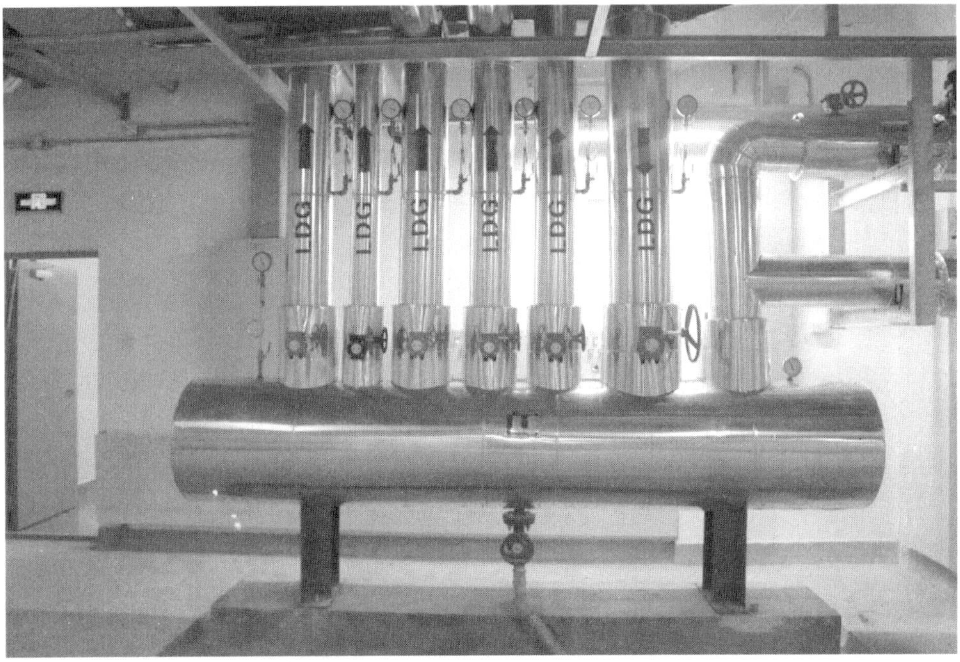

图 2-2-14　铝皮安装

第六节　制冷设备安装

一、多联机室外机安装

1. 施工工艺流程

施工准备→基础验收→制冷主机安装→成品保护。

2. 材料要求

(1) 检查包装是否完好，根据发货清单检查附件设备说明书、产品合格证、性能检测报告是否齐全；

(2) 组织集成商、供货单位、监理单位、施工单位一起开箱验收，并形成书面记录；

(3) 检查外观是否完好，检查配件是否齐全，检查铭牌参数是否与装箱清单一致，是否符合设计及图纸要求；

（4）做好开箱验收后的成品保护。

3. 施工工艺操作

（1）施工准备：室外机安装前应准备好安装用辅材及安装说明书，安排有资质人员进行安装。

（2）基础验收：复核基础预埋件尺寸是否符合室外机基础连接件要求，同时基础周边预留足够的进排风及检修空间，基础周边并设置排水沟。

（3）制冷主机安装：安装减振垫，吊装、固定室外机。连接管道、敷设电源及控制线，外壳接地，安装室外机防护栏杆（图 2-2-15）。

（4）成品保护：安装就位后，应将室外机外露部分封闭良好，采用具备防尘防水功能的防护罩进行覆盖，表面悬挂或喷涂明显的防护字样，防护罩应美观醒目（图 2-2-16）。

图 2-2-15　制冷主机安装

图 2-2-16　成品保护

4. 质量控制要点

（1）选用具有安装资质的厂家；

（2）吊装室外机时机身保持垂直，倾斜角度小于 45°；

（3）管道连接进、出水口需用软连接，管路不允许承受大扭力；

（4）灌注冷媒前，要做干燥及真空压力试验，满足冷媒灌注要求；第一个分歧管至最末端室内机管道长度需满足设计要求。

二、多联机室内机安装

1. 施工工艺流程

弹线定位→吊装室内机→管道连接→电气连接。

2. 材料要求

（1）检查包装是否完好，根据发货清单检查附件是否齐全；

（2）组织集成商、供货单位、监理单位、施工单位一起开箱验收；

（3）检查外观是否完好，检查配件是否齐全，检查铭牌参数是否与装箱清单一致，是否符合设计及图纸要求；

（4）做好开箱验收后的成品保护。

3. 施工工艺操作

(1) 弹线定位：室内机定位位置应符合设计图纸要求，不能安装在电气设备和柜子的正上方，当不可避免安装在设备上方时，应安装集水盘，将设备风口处冷凝水排至水沟内（图 2-2-17）。

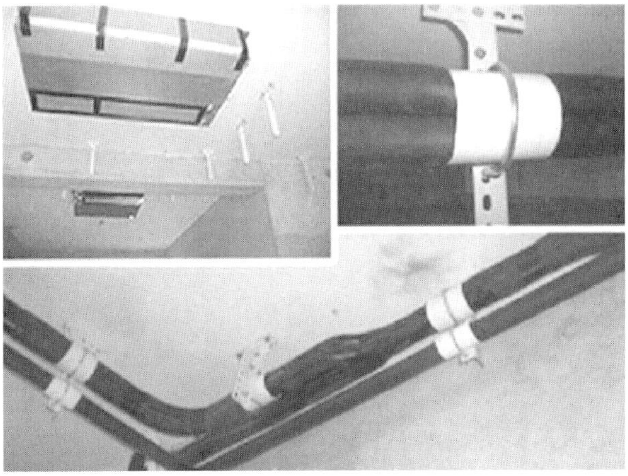

图 2-2-17 室内机安装位置

(2) 吊装室内机：选择与设计参数一致的室内机，画线定位，吊装吊杆采用双螺母固定防松动，预留检修空间，吊顶房间预留 500mm×500mm 检修孔，纵、横向水平度偏差小于 1/1000；严禁将室内机安装在其他电气设备的正上方，并错开气体灭火喷头和照明灯具；配合装修及其他安装专业，提前预埋穿线管、线盒、底盒（图 2-2-18）。

图 2-2-18 室内机吊装

(3) 管道连接：多联机室内、外机连接的紫铜管为脱磷无缝拉制紫铜管，内外表面平整、圆滑、无起泡、无绿锈、无脏污、无划痕、无缺陷，壁厚符合设计要求；根据设计图纸路径及尺寸，采用专用割刀、弯管器配置管道；管道充氮保护焊接，焊接部位清洁脱脂，吊装固定；分歧管位置和角度按设计图纸施工，接头和端管的出、入口侧均留 500mm 以上的直管，接头和端管的出、入口侧用吊钩固定；管道采用 0.5～0.6MPa 的氮气进行吹扫，直至无污物，拆卸可能积存污物管件清洗干净后重新安装；用氮气进行气密性试验，保压 24h 以后，压力降小于实验压力的 1%；气、液管截止阀关闭，抽真空达到真空度 5.3kPa，保持 24h，系统绝对压力无回升（图 2-2-19）。

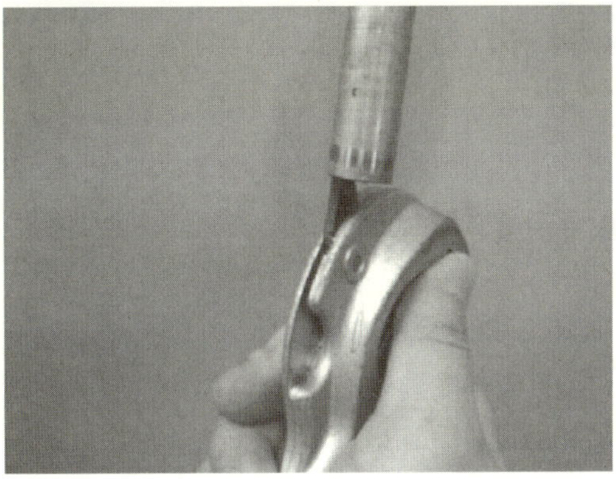

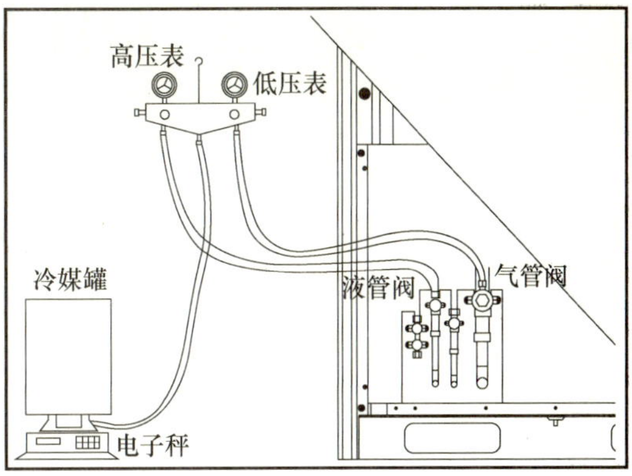

图 2-2-19 管道连接

（4）电气连接：室内外机及控制面板的控制线及电源线安装应符合要求。控制线应采用具有屏蔽功能的信号控制线缆，电源线和控制线缆须分别敷设，不得敷设在同一管槽内（图 2-2-20）。

图 2-2-20 电气连接

4. 质量控制要点

（1）切割后的铜管采用毛边铰刀去除多余的毛边，锉刀磨平开口并清除切屑；

（2）严禁在管道有压力的情况下进行焊接；

（3）应分别对气管、液管的立管进行固定；

（4）穿墙及楼板时，采用套管保护，套管与墙面或楼板平齐，套管内防火封堵，焊缝不得留于套管内，套管不可作为管道的支撑；

（5）根据制冷剂型号注意填充冷媒状态；

（6）检修时，采用专用的回收机对制冷剂回收。

第三章　给排水及消防水系统

第一节　给水管道安装

1. 施工工艺流程

施工准备→预留、预埋→管道预制加工→支架预制安装→管道及管件安装→阀门及配件安装→管道试验→设备及洁具安装→管道冲洗消毒→管道保温→管道标识。

2. 材料要求

建筑给水薄壁不锈钢管选用的管材和管件，应具有国家认可的产品检测机构的产品检测报告和产品出场质量证明书。生活饮水用的管材和管件，还应具有卫生部门的认可文件。材料进场后应对其进行检查。管件外观应清洁光滑，其外表面允许有轻微的模痕，但不应有明显的凹凸不平和超过壁厚负偏差的划痕。

3. 施工工艺操作

(1) 施工准备：施工技术文件（施工图、设计交底、图纸会审）齐全。各分项工程施工安全、技术交底完成且记录完整。施工界面（墙面、顶面）已具备。施工管材及设备进场检验、抽检合格。

(2) 预留、预埋：根据施工图纸要求，复核结构预留、预埋的穿墙、楼板的套管数量及尺寸是否符合要求，对于不符合施工要求的以书面形式告知结构施工单位并要求其整改。在砌筑施工阶段，根据管道路径在相应的墙体上进行套管预留预埋。预埋的套管内径应大于管道或管道保温后的外径。套管预留、预埋应符合 GB 50242—2002 第 3.3.13 条的规定。洁具的给水口以及排水口预埋应根据洁具实体的安装大样图进行。

(3) 管道预制加工：管道预制前应实测现场的安装空间是否满足安装要求，特别是管道阀门等部件的安装以及操作空间。防止出现管道可安装但阀门无法安装情况。最后根据施工图现场放样管道路径，并绘制下料图。管道分段下料的长度要考虑各类管件以及阀门等部件的结构尺寸，防止下料过长或过短。管道预制段应进行编号以便安装。

(4) 支架预制安装：单独布设的支吊架可参考 14ST201-2 图集第 7～27 页。布设在综合支吊架上的管道应在综合支吊架深化阶段进行管道接头定位，以便综合支吊架的布局符合管道安装的技术要求。支架间距应符合 GB 50242—2002 第 3.3.8 条、第 3.3.9 条或第 3.3.10 条的规定（图 2-3-1）。

(5) 管道及管件安装：有水管道严禁进入变电所等电气房间。管道必须采用与管材相适应的管件。生活给水系统所涉及的材料必须达到饮用水卫生标准。水平管道应设置 0.2%～0.5%的坡度坡向泄水口。卫生间内需埋设在墙体内的给水金属管道要采用环氧沥青漆进行防腐处理。薄壁不锈钢管的布置与安装应符合 10S407-2 图集第 5～14 页的要求。结构沉降缝应采用金属软管进行沉降补偿，结构伸缩缝处以及需要温度补偿的管段应设置波纹补偿器。管道接口应符合 GB 50242—2002 第 3.3.15 条规定（图 2-3-2）。

图 2-3-1　支架预制安装

图 2-3-2　管道及管件安装

（6）阀门及配件安装：阀门进场检验应进行强度和严密性试验，试验要求符合（GB 50242—2002）第 3.2.4 条、第 3.3.5 条的规定，并形成检查试验记录。阀门的型号应与管道匹配。穿越人防处的防护闸阀距人防墙不应超过 200mm。压力表前应设置有明显的开闭状态的检修阀（球阀）、缓冲表弯，以及三通旋塞阀（图 2-3-3）。

图 2-3-3　阀门及配件安装

（7）管道试验：室内给水管道试压应符合 GB 50242—2002 第 4.2.1 条，并形成《管道压力试验记录》，同时进行通水试验并形成《通水试验记录》。室内消火栓系统还应做试射试验，试射试验应符合 GB 50242—2002 第 4.3.1 条的规定，并形成《试射记录》（图 2-3-4）。

（8）设备及洁具安装：消火栓箱内栓口应在门轴的对侧，且栓口中心距地面应为 1.1m。卫生洁具安装的标高以及相对位置应符合设计要求。洁具与装饰面密封胶均匀美观。卫生洁具安装完成后应进行满水以及通水试验，并形成《满水及通水试验记录》。卫生间内金属洁具应进行等电位连接。

图 2-3-4　管道试验

（9）管道冲洗消毒：生活给水需经有关部门取样检验，符合国家《生活饮用水卫生标准》（GB 5749—2006），确定合格的检测报告。

（10）管道保温：管道及阀门保温可参考 14ST201-2 图集第 56～57 页。

（11）管道标识：管道标识以字母及箭头且配于不同颜色对各个管道系统进行区分，标识部位应在管道的起点、转弯处、设备机房内、走道明露。吊顶内的管道标识在管道底部，上下布置的管道，上部的管道标识应标识在管道侧面。管道标识的颜色以设计为准（图 2-3-5、图 2-3-6）。

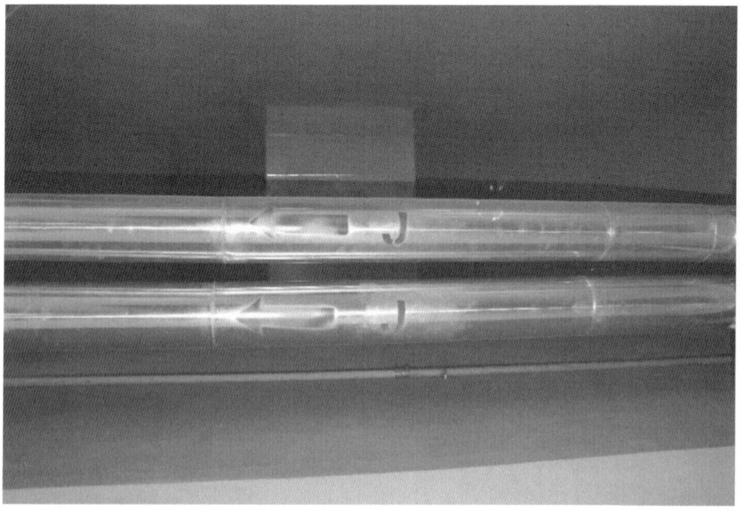

图 2-3-5　管道标识（一）

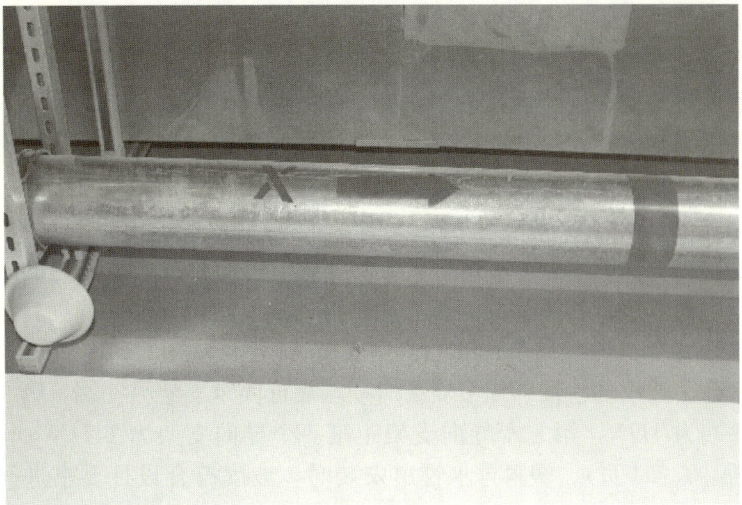

图 2-3-6 管道标识（二）

4. 质量控制要点

（1）给排水管严禁进入电气房间。

（2）在引入管、折角进户管件、支管接出和仪表接口处，应采用螺纹转换接头或法兰连接。

（3）不锈钢材料吊运，不能与其他金属直接接触，应加垫木板或橡胶板等非金属材料。

（4）薄壁不锈钢管严禁直接接触水泥、水泥浆、砂浆和混凝土等材料，暗敷管道宜外缠防腐胶带。

（5）金属支架或管卡与薄壁不锈钢管材间必须采用塑料或橡皮隔离，以免使不锈钢管受到腐蚀。

第二节 排水管道安装

1. 施工工艺流程

施工准备→预留、预埋→管道预制加工→支架预制安装→管道及管件安装→阀门及配件安装→管道试验→洁具安装→管道标识。

2. 材料要求

排水管道所用管材、管道附件及其他材料，均应进行全面检查，不得有损坏和裂纹，管材必须符合设计标准及规范的要求，且应有合格证和出厂检验报告。

3. 施工工艺操作及质量要求

（1）施工准备：施工技术文件（施工图、设计交底、图纸会审）齐全。各分项工程施工安全、技术交底完成且记录完整。施工界面（墙面、顶面）已具备。施工管材及设备进场检验、抽检合格。

（2）预留、预埋：参考《给水管道安装》。

（3）管道预制加工：参考《给水管道安装》。

（4）支架预制安装：参考《给水管道安装》。

（5）管道及管件安装：金属压力排水管成排安装时，直线部分应互相平行。曲线部分安装要求如下：当管道水平或垂直平行时，应与直线部分保持等距，管道水平上下并行时，曲率半径应相等。水平安装的支架间距，不得大于规范或设计图中的规定。立管管卡安装，层高小于或等于5m，每层须安装1个，层高大于5m，每层不得少于2个。管卡安装高度，距地面为1.5～1.8m，2个以上管卡可匀称安装。管道的螺纹连接应保证螺纹无断丝；镀锌钢管和配件的镀锌层无破损，螺纹露出部分防腐蚀良好。管道的焊接应保证焊口平直度、焊缝加强面符合施工规范规定，焊波均匀一致，焊缝表面无结瘤、夹渣和气孔。波纹补偿器伸缩节安装时一端靠近固定支架另一端，第一个导向支架距伸缩节的一端为4*DN*，第二个导向支架距第一个导向支架为14*DN*（导向支架参考03S402图集第93、94页）。塑料排水管道安装时，坡度符合设计要求进行粘接，并及时校正甩口坐标位置、标高、坡度。安装固定支撑件不宜卡固过紧，采用金属支架时，必须在与管外径接触处垫好橡胶垫片。塑料管道必须按照设计要求及位置设置伸缩节。设计无要求时，伸缩节间距不得大于4m。

（6）阀门及配件安装：参考《给水管道安装》。

（7）管道试验：压力管路安装完毕后，要进行水压试验，压力管路水压试验压力值应满足设计要求。重力排水管道安装完毕，应进行灌水试验。塑料排水管道安装后应做通球试验灌水试验，塑料排水立管及干管均应做通球试验，通球试验的球径不应小于管道的2/3，通球率必须达到100%。灌水高度必须到每根立管上部的雨水斗。检验方法：灌水试验持续1h，不渗不漏。隐蔽或埋地的排水管道在隐蔽前必须做灌水试验，其灌水高度应不低于底层卫生器具的上边缘或底层地面高度。检验方法：满水15min水面下降后再灌满观察5min液面不降管道及接口无渗漏为合格。

（8）洁具安装：卫生器具的排水管径和坡度，必须符合设计要求和施工规范规定。洁具安装可参考14ST201-2图集第69～73页。

（9）管道标识：参考《给水管道安装》。

4. 质量控制要点

（1）地漏的安装应平正、牢固、无渗漏。排水栓应低于盆、槽层表面2mm，低于地表面5mm，地漏低于安装处排水表面5mm。

（2）卫生器具给水配件的安装应符合以下规定：镀铬件完好无损伤，接口严密；启闭部分灵活，安装端正，表面洁净。

（3）所有塑料排水管穿越排风道时应加钢套管；穿越楼板及不同的防火分区的塑料排水管应安装阻火圈，按《建筑排水塑料管道安装》（10S406）第32页Ⅲ型或第33页安装。

第三节　气灭管网安装

1. 施工工艺流程

施工准备→预留、预埋→管道预制加工→支架预制安装→管道及管件安装→系统安装→管道试验→管道标识。

2. 材料要求

（1）检查管道连接件的品种、规格性能，核查出厂合格证与质量检验报告。

（2）管道镀锌层不得脱落，组件无碰撞变形及其他机械损伤，螺纹连接件不得有断纹、缺纹等现象。

3. 施工工艺操作

（1）施工准备：施工技术文件（施工图、设计交底、图纸会审）齐全。各分项工程施工安全、技术交底完成且记录完整。施工界面（墙面、顶面）已具备。施工管材及设备进场检验、抽检合格。

（2）预留、预埋：参考《给水管道安装》。

（3）管道预制加工：管道预制加工：参考《给水管道安装》。

（4）支架预制安装：选择阀下游管道应设置固定支架固定，固定支架间距符合 GB 50263—2007 相关规定，管道支架应在主体结构（混凝土结构）上生根固定，不得在二次砌筑墙上生根固定；管道末端喷嘴处应采用支架固定，支架与喷嘴间管道长度不大于 0.3m，公称直径大于等于 *DN*50 的输气管道垂直和水平方向应设置一个防晃支架；当管道穿越楼楼层时，每层应设置一个防晃支架，当水平管道改变方向时应设置防晃支架；防晃支架的安装形式参考图集 07S207 中的相关内容；在管道变径、拐弯、有支管接出（或三通）时应增设管道固定支架；管道支架刷环氧树脂或根据使用情况采用其他防腐措施。管道支架符合图集 07S207 要求，安装后做防腐处理（图 2-3-7）。

图 2-3-7　支架预制安装

（5）管道及管件安装：管道的连接，当公称直径小于或等于 100mm 时，采用螺纹连接；大于 100mm 时，采用法兰连接，法兰压力等级为 10MPa，法兰密封垫采用金属齿形垫。启动管道采用 *DN*6 的紫铜管，工作压力 6.0MPa，管道连接方式采用扩口管接头连接。集流管的开孔段的管道采用无缝钢管，开孔焊接后应整体镀锌防腐处理，镀锌时应防护好连接螺纹，避免螺纹受破坏。在集流管最低端应设置一个总长度 50～

100mm 的短管及螺纹管做集污器，最高端应设置的排气口，以便进行水压强度试验及试验后排水，吹扫工作（图 2-3-8）。

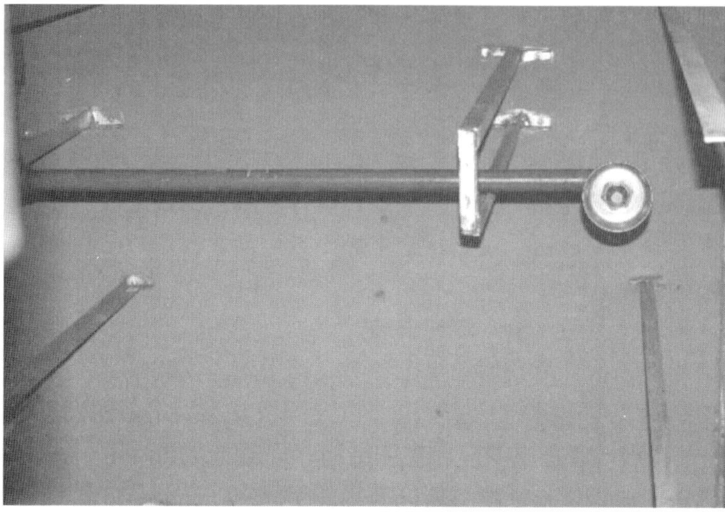

图 2-3-8　管道及管件安装

（6）系统安装：安装喷头时，应逐个核对其型号、规格及喷孔方向。安装在吊顶下的带装饰罩的喷嘴，其装饰罩应紧贴吊顶，喷头位置应结合装饰吊顶尺寸进行适当调整，保证喷头在活动吊顶的中间，以保证美观要求。选择阀操作手柄应安装在操作面一侧，当安装高度超过 1.7m 时应采取便于操作的措施，选择阀的流向指示箭头应指向介质流动方向（图 2-3-9）。

图 2-3-9　系统安装

（7）管道试验：管道的试压和冲洗必须分层、分系统进行。气体严密性试验加压介质为氮气试验，进行气压试验时宜首先采用氮气做压力预试验，其试验压力宜为 0.2MPa，压力预试验合格后方可进行气压强度试验。进行气压强度试验时，应逐步缓慢增加压力，当压力升至试验压力的50%时，如未发现异状或泄漏，继续按试验压力的10%逐级升压，每级稳压3min，直至达到试验压力。稳压5min，再将压力降至管道的工作压力，目测管道无明显变形，以发泡剂检查无泄漏为合格。经气压强度试验合格，且在试验后未经拆卸过的管道，可不再进行气压严密性试验。进行气密性试验时，应以不大于0.5MPa/s的升压速率缓慢升压制试验压力，关断试验气源3min内压力降不超过试验压力的10%为合格。管道吹扫：灭火剂输送管道在试验合格后，应进行吹扫，吹扫管道可采用压缩空气或氮气，吹扫时，管道末端的气体流速不应小于20m/s，直至无铁锈、尘土、水渍及其他异物出现。

（8）管道标识：所有灭火剂输送管道的外表面涂红色油漆。每个防护区或保护对象的色环宽度一致，间距应均匀（图2-3-10）。

图2-3-10 管道标识

4. 质量控制要点

（1）安装管线按图施工如需增加90°弯头或调整标高，经设计同意后方可增加或调整。

（2）喷嘴安装时应根据设计图纸要求，对号入座，不得任意调换，喷头严禁安装在设备正上方，尽量避开设备。

（3）泄压口的安装高度设计无要求时，安装高度为墙体高度三分之二以上。

（4）所有管道均采用无缝钢管，其质量应符合现行国家标准《输送流体用无缝钢管》（GB/T 8163—2018）、《高压锅炉用无缝钢管》（GB/T 5310—2017）等的规定。无缝钢管内外及其管件应进行热浸镀锌防腐处理。管道的外径、壁厚和材质按设计要求及规范执行。

第四节　设备安装

1. 施工工艺流程

施工准备→设备基础制作→设备安装→成品保护→调试。

2. 材料要求

设备型号应与设计相符，动力机械与设备功率应匹配；产品合格证、产品说明书及随机配件应齐全。

3. 施工工艺操作

（1）施工准备：施工技术文件（施工图、设计交底、图纸会审）齐全。各分项工程施工安全、技术交底完成且记录完整。施工界面已具备。

（2）水泵安装前应对设备基础的混凝土强度、坐标、标高、尺寸和螺栓孔位置进行检查验收，并形成《设备基础验收记录》，验收合格后方可进行水泵安装。水泵的吸水口如需变径应采用偏心异径管，应将平面段朝上防止产生空气导致吸水不足。消防水泵成撬装置、空调水泵等安装完成后其设备的允许偏差应符合 GB 50242—2002 第 4.4.7 条的规定，形成检查记录。潜污泵安装前应将水池内所有垃圾清理干净，以免造成水泵堵塞。自动耦合装置中的两根导轨应垂直安装并保持互相平行。潜污泵吊装后导向挂件上的两只挂耳应以导管为中心均匀放置，防止水泵倾斜从而破坏密封性能。安装时可以反复提起再放下，直到使水泵获得正确安装位置（图 2-3-11）。

图 2-3-11　水泵安装

4. 质量控制要点

电动机转动方向是否正确。水泵运转无卡阻现象和异常声响。安全保护和电控装置及各部分仪表均应灵敏、正确、可靠。

第四章　车站弱电综合

第一节　综合监控系统（ISCS）

1. 施工工艺流程

施工准备→设备安装→管槽敷设→线缆敷设→线缆成端→防火封堵→成品保护→调试。

2. 材料要求

（1）综合监控系统（ISCS）的服务器柜、网络柜、UPS 柜、综合后备盘（IBP）、各车站级工作站、打印机等设备均为甲供，各类设备的开箱检查依据随车清单进行四方开箱检查，并形成《开箱检查记录》和《进场检验记录》。

（2）车站实时服务器考虑到仓储保管的环境要求较高，建议在调试前两天进行安装。

（3）通信线缆、网线、光纤、电源线等线缆进场验收，主要对其生产厂家、规格型号、随机技术文件、光纤的通断进行检查，需要复检的材料进行抽样送检。

（4）导管、线槽、线缆的进场按照《建筑电气工程施工质量验收规范》（GB 50303—2015）第 3.2.12、3.2.13 条和 3.2.16 条的规定进行检验，并形成《进场检验记录》（图 2-4-1）。

图 2-4-1　导管检查

3. 施工工艺及标准

（1）施工准备：综合监控系统施工技术文件（施工图、设计交底、图纸会审）齐全。综合监控系统各分项工程施工安全、技术交底完成且记录完整。综合监控系统与各专业的接口规格书完整（会签版）。施工材料进场检验、抽检合格。

（2）设备安装：综合监控系统机房以及车控室地面为防静电架空活动地板。机柜安装前地面装饰找平施工应完成，活动地板完成面标高线应在墙面放样，活动地板网格线应在地面放样完成。设备机柜钢制基础制作定位应根据箱柜的定位现场放样定位，车控室内设备安装应根据车控室一体化的深化图纸进行定位，钢制设备基础完成面高度应高于地板完成面 0～5mm。现场定位要充分考虑箱柜检修空间。探测器、风口、灯具等设备需在 IBP 盘柜体前后布置，不得安装在 IBP 盘正上方。机柜安装可参考《地铁工程机电设备系统重点施工工艺》（14ST201-4）第 19～20 页。设备基础安装完成后应进行检查验收，并形成《设备基础验收记录》。箱柜安装完成后应进行检查，并形成《检查记录》（图 2-4-2）。

图 2-4-2　设备安装

（3）管槽敷设：综合监控系统管槽主要敷设在车控室、综合监控设备室、通信设备室等机房的防静电架空活动地板以内。线槽安装前地面水泥砂浆找平层应施工完成。各类穿墙孔洞应在砌筑施工阶段进行预留，预留孔洞上方应设置与墙体同宽的过梁且两端搭接长度不小于 250mm。预留孔洞高度要充分考虑线槽高度、架空地板净高，以及找平层厚度，防止孔洞预留过小，暗敷在地面的管道要在找平施工以前，且要考虑装修完成面的标高要求。管槽安装定位应横平竖直，避开架空地板支座位置。需要预留插座的设备（如打印机）应在设备安装位置处提前开槽预埋线管、预埋盒（图 2-4-3）。

图 2-4-3　管槽敷设

（4）线缆敷设：线缆进场验收合格后敷设。综合监控系统与各系统专业的接口布线类型已经明确。线缆敷设参考《低压配电及动力照明工程电线及电缆敷设》。电源线、信号电缆、对绞电缆、光缆及其他弱电系统的线缆应分开布放，各线缆间的最小净距应符合设计要求（图 2-4-4）。

图 2-4-4　线缆敷设

（5）线缆成端：综合监控系统主要涉及四种线缆：电力电缆、控制电缆、屏蔽双绞线（网线）、光纤。电力、控制电缆成端参考《低压配电及动力照明工程电线及电缆敷设》。屏蔽双绞线 RJ45 接线端子要与双绞线类型匹配（例如 CAT6 类线不能用 5 类的水晶头）。网线成端完成后采用网络通断仪进行测试，形成《测试记录》。光纤熔接盒在通信设备机柜内应采用机架式，方便固定也足够美观，光纤熔接要注意尾纤的类型（单模/多模）以及接口形式（FC/ST/SC/LC）与对方接口匹配。光纤成端完成应进行通断测试以及光衰测试，并形成《测试记录》。接线完成后，对线缆挂牌，挂牌要求字体清晰、回路位置明确，电缆一般采用电缆标牌做标识，明确电缆回路，由于空间、线型号等原因，网线、光纤跳线一般采用热敏纸做标签，标明线缆来自哪台设备的哪个端口，接至哪台设备的哪个端口。挂牌要求整齐、美观。一般标签格式为 For：××设备××端口，To：××设备××端口。标牌格式为回路编号：××××，电缆型号：××××，起点设备：××××，终点设备：××××（图 2-4-5）。

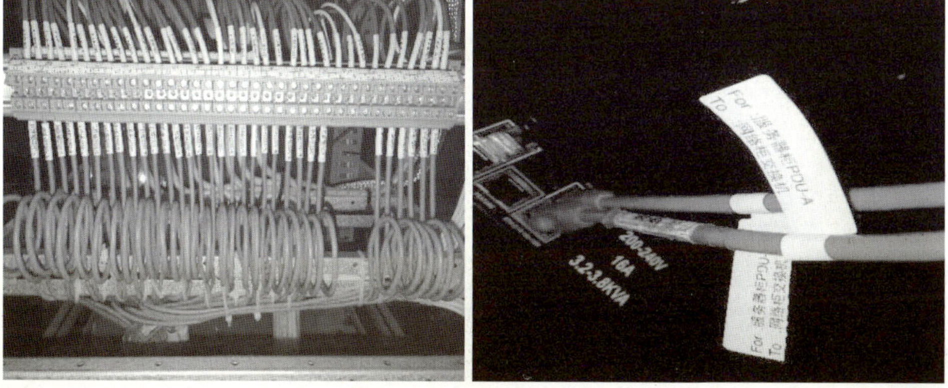

图 2-4-5　线缆成端

(6) 防火封堵：防火封堵具体做法可参考《地铁工程机电设备系统重点施工工艺》(14ST201-1) 第 48～54 页 (图 2-4-6)。

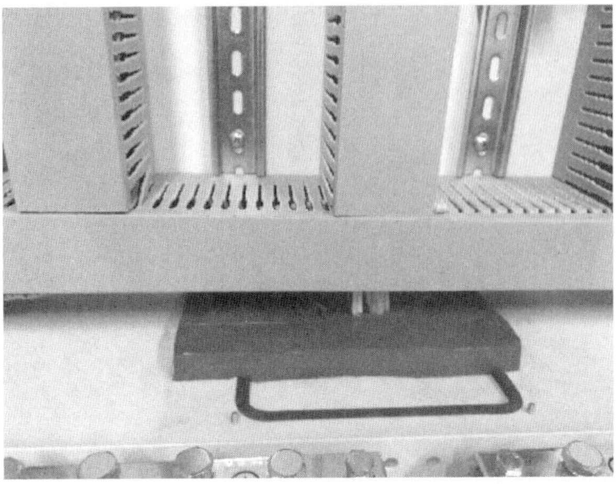

图 2-4-6　防火封堵

(7) 成品保护：线缆成端接线完成后对机柜、控制箱、设备器件清洁，设备散热孔内应设置防尘棉。外表面采用防潮防尘布进行覆盖，且绑扎整齐牢固。参考动力配电柜成品保护。备用的光纤法兰接口要用塑料法兰盖保护好，避免灰尘进入 (图 2-4-7)。

图 2-4-7　成品保护

(8) 调试：参考《城市轨道交通机电设备系统调试（第二版）》(宁波市轨道交通集团有限公司建设分公司主编)。

4. 质量控制要点

(1) 产品型号、材料需与接口要求一一对应。

(2) 在线缆终接前需要对线缆进行绝缘测试、校线。线缆终接处牢固，接触良好，不得虚接，线缆中间无接头。

(3) 光口在连接时使用的跳纤长度要适中，接口处连接牢固。电口使用控制电缆连接到接线端子上，一般控制线的线芯比较多，通过颜色、线号区分线芯，在接线时需注意 1 和 7、3 和 8、6 和 9 的区分。避免由于线芯标记的清晰度、施工现场光线、线芯被摩擦等原因而把线芯分辨错误。

（4）接线完成后，对线缆挂牌，挂牌要求字体清晰、回路位置明确、整齐、美观。

第二节　门禁系统（ACS）

1. 施工工艺流程

施工准备→设备安装→管槽敷设→线缆敷设→线缆成端→防火封堵→成品保护→调试。

2. 材料要求

（1）门禁系统主机柜、就地控制箱、读卡器、公共区边门等根据《轨道交通甲供设备管理办法》进行设备开箱以及进场检验，并形成《开箱检查记录》以及《进场检验记录》。

（2）管、槽、线进场验收根据《建筑电气工程施工质量验收规范》（GB 50303—2015）第 3.2.12、3.2.13 条和 3.2.16 条的规定进行检验，并形成《进场检验记录》。

3. 施工工艺操作

（1）施工准备：门禁系统施工技术文件（施工图、设计交底、图纸会审）齐全，门禁系统各分项工程施工安全、技术交底完成且记录完整。门禁系统系统与各专业的接口规格书完整（会签版）。施工材料进场检验、抽检合格。安装施工界面已具备。

（2）设备安装：门禁系统主机柜安装参考《综合监控系统设备安装》。主机柜与其他系统机柜成排安装时，以柜前为基准定位机柜的钢制基础。就地控制箱安装参考《低压配电及动力照明工程配电箱安装》。如有成排的控制箱，应与相邻控制箱保持底边齐平，水平间距 50mm。控制箱安装应不侵占疏散通道的疏散宽度。读卡器安装位置在开启门轴的对侧距门框边 150～200mm，安装高度依据设计图纸。公共区安装的读卡器以及公共区边门应在装修施工深化设计阶段进行定位开孔深化，深化图应由门禁系统专业、公共区装修专业以及相关设计进行会签。各类设备的安装应保证自身设备箱门可正常开启且不影响其他设备的正常使用。其他专业的各类活动门开启不应影响门禁系统设备。如果存在此现象应由相关设计协调处理（图 2-4-8）。

图 2-4-8　门禁设备

（3）管槽敷设：如有提前预埋和预留，控制箱安装前复核预埋件及预留孔，位置是否正确，标高尺寸是否符合要求。控制箱一般进线采用下进下出的方式，在控制箱底部开孔。锁电以及门磁的预埋管道应根据门框的定位进行安装，且保证管路通畅。公共区预埋的边门配管应在垫层浇筑前进行。线管沿墙柱布设时应避开装饰龙骨的安装位置。导管安装完成后可预留穿线钢丝。管槽敷设可参考《低压配电及动力照明工程导管及桥架安装》。

（4）线缆敷设：线缆敷设参考《综合监控系统线缆敷设》。线缆在线槽内应成排绑扎。线管内敷设的线缆严禁有中间接头。不同等级的电源线、信号线分开敷设。

（5）线缆成端：线缆成端参考《综合监控系统线缆成端》。读卡器通信线较细，接线完成后宜搪锡处理紧固，底盒内宜预留 100mm 线缆。箱内接线前应对每个回路绝缘进行测试，并记录数值，出线回路应按图纸的标注套上相应的塑料套管，标明回路编号；锁具电源和通信回路电源应标注清楚防止混接。通信总线进出要分清楚（图 2-4-9）。

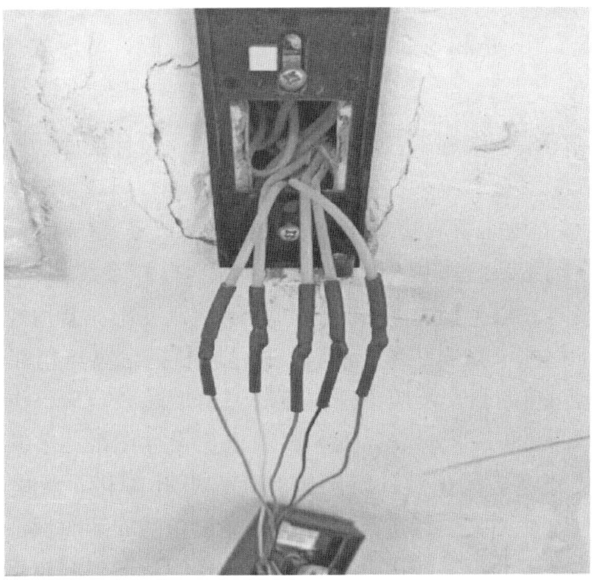

图 2-4-9　线缆成端

（6）防火封堵：防火封堵参考《综合监控系统防火封堵》。

（7）成品保护：箱柜的成品保护参考《综合监控系统成品保护》，读卡器表面采用绝缘胶带进行缠封。公共区边门和地砖周围采用地砖颜色相近的硅酮橡胶密封材料进行密封，以防进水，同时采用防护发泡材料进行保护。

（8）调试：门禁系统调试参考《城市轨道交通机电设备系统调试（第二版）》（宁波市轨道交通集团有限公司建设分公司主编）。

4. 质量控制要点

（1）控制箱安装位置不得影响消防疏散，不得安装在水管正下方，成排控制箱的安装应整齐、美观，固定牢固，安装位置避开潮湿、渗水等地。

（2）箱内接线牢固，导线绑扎成束，排布整齐美观，进出线回路清晰，标识清晰、齐全、易识别。

（3）接线时不能用力过大，避免损坏接线端子。软线需加线鼻子再接入接线端子，线鼻子需压紧，不能松动，同一接线端子最多允许压接两条导线。

（4）防火封堵应整洁、美观，封堵严密。

（6）边门定位要准确无误。

（7）线管预埋及穿线前保证线管内壁光滑，无堵塞。

（8）边门搬移过程中应轻拿轻放，在边门安装过程中，不要取掉自带的防护罩，安装后将门设置成紧急模式，使其处于常开状态，避免施工人员误闯对边门造成破坏。

第三节　环境与设备监控系统（BAS）

1. 施工工艺流程

施工准备→设备安装→管槽敷设→线缆敷设→线缆成端→防火封堵→成品保护→调试。

2. 材料要求

（1）环境与设备监控系统主机柜、远程控制箱、传感器等根据《轨道交通甲供设备管理办法》进行设备开箱以及进场检验，并形成《开箱检查记录》以及《进场检验记录》。注意核对二通阀、流量计等传感器的规格尺寸和电压等级是否与设计要求一致。

（2）管、槽、线进场验收根据《建筑电气工程施工质量验收规范》（GB 50303—2015）第 3.2.12、3.2.13 条和 3.2.16 条的规定进行检验，并形成《进场检验记录》。

3. 施工工艺操作

（1）施工准备：环境与设备监控系统施工技术文件（施工图、设计交底、图纸会审）齐全。环境与设备监控系统系统各分项工程施工安全、技术交底完成且记录完整。环境与设备监控系统与各专业的接口规格书完整（会签版）。施工材料进场检验、抽检合格。安装施工界面已具备。

（2）设备安装：环境与设备监控系统主要由主机柜、远程 I/O 箱、各类传感器以及总线（远距离采用光纤）组成。主机柜以及远程 I/O 箱安装参考《低压配电及动力照明工程配电箱、柜安装》，环境与设备监控系统远程 I/O 箱箱体较大，安装时顶部不宜超过 1.8m。房间内、风管上的温湿度变送器应安装于所检测位置的敏感点且应远离门、窗、灯、变压器、电力母线等冷热源和风管送风口、出入口处。公共区安装的 CO_2 传感器距装修完成面 1.5m，温湿度传感器距装修完成面 1.8m，相同的两个传感器安装距离需大于 10m。安装于公共区装饰板上的各类传感器应在公共区装修施工深化阶段进行排版定位，并由施工双方及设计进行会签。各类室内温湿度以及 CO_2 传感器安装在满足设备本体的安装要求下尽量采用后进线，以满足装饰美观的要求（图 2-4-10）。

（3）管槽敷设：管槽敷设参考《门禁系统管槽敷设》，线管沿墙柱布设时应避开装饰龙骨的安装位置。如需用进线软管安装时，软管应垂直向下安装，软管与设备间做成 U 型弯，以防冷凝水顺着线管进入设备内（图 2-4-11）。

（4）线缆敷设：线缆敷设参考《综合监控系统线缆敷设》。线缆在线槽内应成排绑扎。线管内敷设的线缆严禁有中间接头，不同等级的电源线、信号线分开敷设（图 2-4-12）。

图 2-4-10　监控设备安装

图 2-4-11　管槽敷设

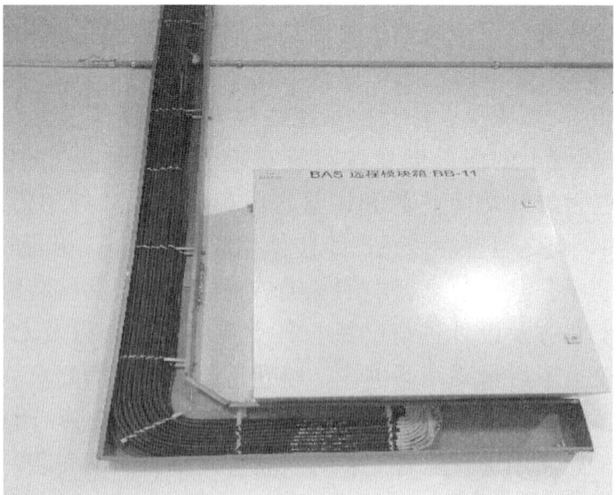

图 2-4-12　线缆敷设

（5）线缆成端：线缆成端参考《综合监控系统线缆成端》《门禁系统线缆成端》。环境与设备监控系统通信采用总线形式连接，总线使用 Profibus DP 连接器连接，连接器共有 4 个端子，其中绿色标识端子接 A1、A2 、红色标识端子接 B1、B2，总线剥线时建议采用专用工具（图 2-4-13）。

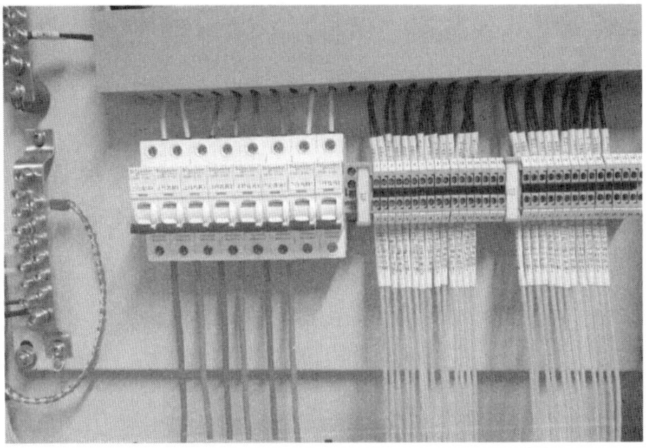

图 2-4-13　线缆成端

（6）防火封堵：防火封堵参考《综合监控系统防火封堵》。

（7）成品保护：箱柜的成品保护参考《综合监控系统成品保护》。传感器的探头保护罩在调试前方可拆下。水温度传感器在打压试水结束后，方可插入和连接传感器。压力、压差变送器的手阀应关闭，防止冲洗管道时被损坏，根据厂家及现场调试要求才能打开。为保护流量传感器，在对管道进行吹扫前，应在管上先制作一个流量计大小的管道预制件，待管道吹扫打压完成后再安装传感器。管道冲洗及水管打压试验时应把二通阀两侧的截止阀关断，执行器应在调试阶段进行安装接线，严格区分二通阀供电电源与交流电源，防止设备烧毁。

（8）调试：环境与设备监控系统调试参考《城市轨道交通机电设备系统调试（第二版）》（宁波市轨道交通集团有限公司建设分公司主编）。

4. 质量控制要点

（1）控制箱安装位置不得影响消防疏散，不得安装在水管正下方，成排控制箱的安装应整齐、美观，固定牢固，进线方式采用下进下出的方式，安装位置避开潮湿、渗水等地。

（2）箱内接线牢固，导线绑扎成束，排布整齐美观，进出线回路清晰，标识清晰、齐全、易识别。

（3）接线时不能用力过大，避免损坏接线端子。软线需加铜端子再接入接线端子，端子需压紧，不能松动，同一接线端子最多允许压接两根导线。

（4）传感器安装需考虑调试、检修空间，安装空调水系统上的传感器时，传感器箭头方向和水流方向一致。为防止冷凝水进入设备，进线的软管应垂直向下安装，设备外壳的螺栓一定要上紧。

（5）设备固定牢固，安装在室外的设备应做好防水保护。

（6）防火封堵应整洁、美观，封堵严密。

第四节　火灾自动报警系统（FAS）（含气灭控制）

1. 施工工艺流程

施工准备→管槽敷设→线缆敷设→设备安装→线缆成端→防火封堵→成品保护→调试。

2. 材料要求

（1）FAS系统主机柜、模块箱、探测器、报警按钮等根据《轨道交通甲供设备管理办法》进行设备开箱以及进场检验，并形成《开箱检查记录》以及《进场检验记录》。

（2）管、槽、线进场验收根据《建筑电气工程施工质量验收规范》（GB 50303—2015）第3.2.12、3.2.13条和3.2.16条的规定进行检验，并形成《进场检验记录》。

3. 施工工艺操作

（1）施工准备：FAS系统施工技术文件（施工图、设计交底、图纸会审）齐全，FAS系统各分项工程施工安全、技术交底完成且记录完整。FAS系统系统与各专业的接口规格书完整（会签版）。施工材料进场检验、抽检合格。安装施工界面已具备。

（2）管槽敷设：FAS系统的报警按钮、声光、电话等设备一般为贴墙明装，需提前预埋线管和预留安装底盒，线管预埋出墙后的高度、弯曲度应整齐一致。线管沿墙柱布设时应避开装饰龙骨的安装位置，导管安装完成后可预留穿线钢丝。区间线管明敷设于隧道侧壁，需满足设计要求标高，不得遮挡CPⅢ点。管槽的敷设可参考《低压配电及动力照明工程导管及桥架安装》。吸气式采样管安装：每根管的长度应该相等，每隔3m采用一个采样管接头进行连接。采样管必须先清理干净再进行安装，若采用钻头开孔，必须对孔边的毛刺进行处理。一台探测器的采样管总长不超过200m，单管长度不超过100m。采样孔总数不超过100个，单管的采样孔数量不超过25个。采样管路应有明显的火灾探测器标识。2根采样管的水平距离不大于6m，每根采样管上每6m开设一个采样孔。对于长度在20m以内的悬空采样管，应加装金属吊杆固定。对于长度超过20m的悬空采样管，或顶棚不平整时，应加装金属水平支架，并将采样管可靠地固定在支架上。采样管道应采用单独的卡具吊装或支撑物固定。采样管的直线段应每隔1～1.5m至少设置一个管夹吊点或支点。采样管网中的弯头、直连、三通、末端帽等管件应与管路连接紧密，并应采用专用胶水密封，在系统检测结束并确定无误后，再密封或永久性粘接管道接口。管道与探测器入口连接处应插紧，无须用胶粘连。改变管道系统方向时应使用圆弧形弯头，不可用直角弯头。采样管弯头的曲率半径应为40～200mm，不得强行扭曲采样管来改变管道的方向（图2-4-14）。

（3）线缆敷设：线缆敷设参考《综合监控系统线缆敷设》。线缆在线槽内应成排绑扎。线管内敷设的线缆严禁有中间接头。不同等级的电源线、信号线分开敷设。

（4）设备安装：

① FAS系统主机柜安装参考《综合监控系统设备安装》，主机柜安装于车控室，严格按照车控室一体化图纸位置安装，避免与车控室一体化设备互相影响（图2-4-15）。

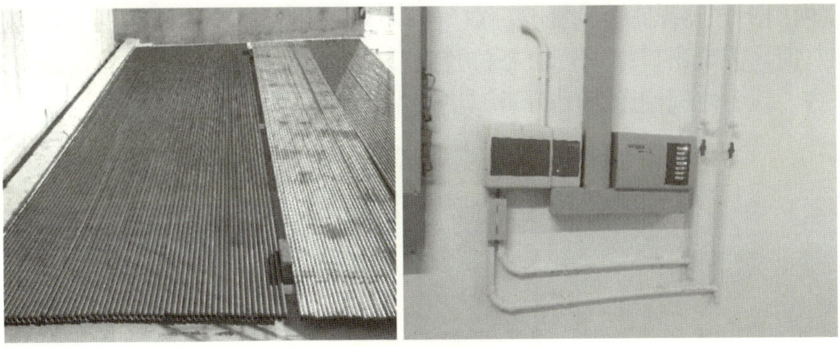

图 2-4-14　管槽敷设

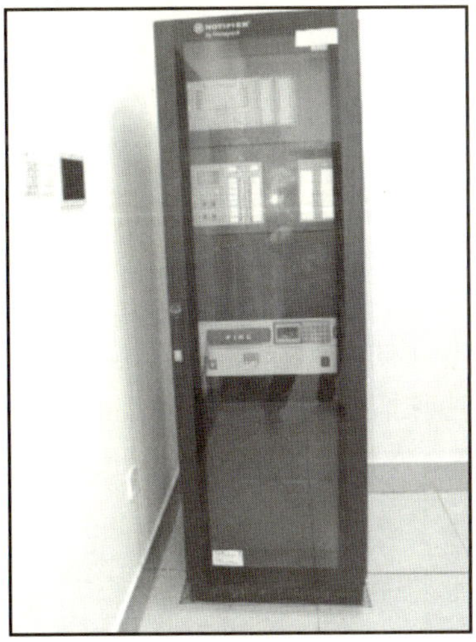

图 2-4-15　设备安装

② 模块箱安装：模块箱安装参考《低压配电及动力照明工程配电箱安装》，控制箱安装前复核预埋件及预留孔，位置是否正确，标高尺寸是否符合要求。控制箱一般进线采用下进下出的方式，在控制箱底部开孔。如有成排的控制箱，应与相邻控制箱保持底边齐平，水平间距 50mm，控制箱安装应不侵占疏散通道的疏散宽度（图 2-4-16）。

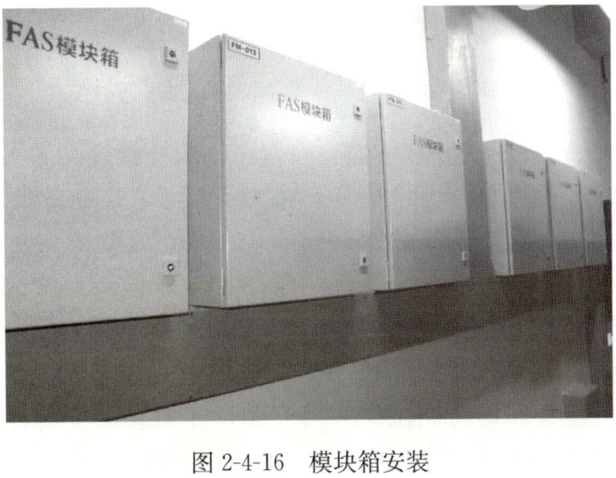

图 2-4-16　模块箱安装

③ 室内门上方设备安装：警铃、放气指示灯、声光报警器贴墙明装，室内有安全出口标识灯时，安全出口标识灯中心位置安装，底边距门框 200mm。设备安装安装保持底边平齐，设备之间间距为 100mm（图 2-4-17）。

图 2-4-17　室内门上方设备安装

④ 手动报警按钮及消防电话插孔组合安装：其安装位置通常位于消火栓箱门轴对侧，距离消火栓箱 200mm（特殊情况应不小于 100mm）；安装高度为手报按钮底边距地坪装饰完成面设备区 1300mm，公共区 1500mm（图 2-4-18）。

图 2-4-18　手动报警按钮及消防电话插孔组合安装

⑤ 区间弱电侧 FAS 消火栓按钮安装：布置于消火栓顶标高齐平位置，安装高度离轨顶面 1100mm。区间强电侧 FAS 手报及 FAS 管线敷设在距疏散平台 1500mm 高度处。区间设备安装需专用防水盒，设备安装不得遮挡 CPⅢ点（图 2-4-19）。

⑥ 探测器安装：安装至墙壁、梁边的水平距离，应不小于 0.5m。探测器周围 0.5m 内，不应有遮挡物。探测器至空调送风口边的水平距离应不小于 1.5m，至多孔送风顶棚孔口的水平距离应不小于 0.5m。安装探测器时先安装探测器的底座，并用自带的塑料保护罩保护，探头在即将调试时方可安装，在安装前应妥善保管，并应采取防尘、防潮、防腐蚀措施。探测器宜水平安装，如必须倾斜安装时，倾斜角应不大于 45°。

探测器的底座应固定牢靠，其导线连接必须可靠压接（图 2-4-20）。

图 2-4-19　区间弱电侧 FAS 消火栓按钮安装

图 2-4-20　探测器安装

⑦ 吸气式探测器主机安装：其安装高度要求为底边距地 1.3m，安装位置严格按照图纸标注位置，如需改变需得到设计认可，但应保持机器四周 150mm 范围为干净空间，探测器宜采用倒置式安装方式。采样管进入吸气式探测器要求采用下弯头方式。

⑧ 感温电缆安装：感温电缆安装必须在所有电缆均敷设完成后，在桥架内、电缆支架，按近似正弦曲线接触式布置，并用尼龙线卡固定，感温电缆敷设时波峰距离不大于 1.8m，起到保护电缆全长的作用。感温电缆安装过程中要求避免重力挤压冲击。安装时严禁硬性弯曲、扭转感温电缆。感温电缆安装完毕后，应没有破损、划伤等现象，确保防水性能，并测量绝缘状况良好。感温电缆转换盒一般安装在电缆井、三角机房，应将其固定在现场附近的墙壁上或金属框架上；采用集中安装的原则，距地高度应在 1.3m 左右。

（5）线缆成端：线缆成端参考《综合监控系统线缆成端》。箱内接线前应对每个回路绝缘进行测试，并记录数值，出线回路应按图纸的标注套上相应的塑料套管，标明回路编号。软芯回路线成端时需压线鼻子且压接牢固。设备接线严格按照接线图接线，电压端与信号端、正负极不得接错，避免损坏设备。防火阀接线时软管与阀体之间做成U型弯，以防冷凝水顺着线管进入防火阀。

（6）防火封堵：防火封堵参考《综合监控系统防火封堵》。

（7）成品保护：箱柜的成品保护参考《综合监控系统成品保护》。终端设备安装后用保护套保护，避免二次喷涂造成污染。终端设备安装在易受撞击的地方时，应采取良好的防护措施（图2-4-21）。

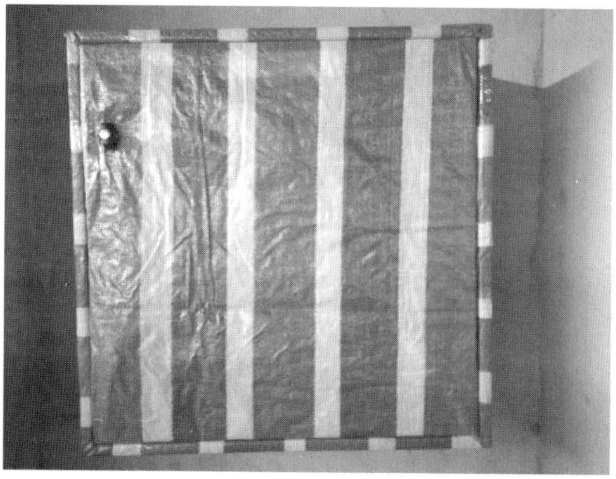

图2-4-21　成品保护

（8）调试：FAS系统调试参考《城市轨道交通机电设备系统调试（第二版）》（宁波市轨道交通集团有限公司建设分公司主编）。

4. 质量控制要点

（1）控制箱安装位置不得影响消防疏散，不得安装在水管正下方，成排控制箱的安装应整齐、美观，固定牢固，进线方式采用下进下出的方式，设备安装安装位置避开潮湿、渗水等地。箱体底部开孔位置需做橡胶护套保护，避免划伤电线、电缆。

（2）箱内接线牢固，导线绑扎成束，排布整齐美观，进出线回路清晰，标识清晰、齐全、易识别。

（3）接线时不能用力过大，避免螺钉滑丝或损坏接线端子。软线需加线鼻子再接入接线端子，线鼻子需压紧，不能松动，同一接线端子最多允许压接两条导线。

（4）采样管距离探测器进气口500mm长度范围内，应保持采样管是直的，没有弯曲。三通的前端不能有采样孔。采样孔处必须有VESDA红色标识，红色标识不得被涂染。

（5）感温电缆安装时表面严禁喷涂附着油漆等含有腐蚀性溶剂的材料。安装转换盒、终端盒时，必须保证盒体的密封性能，以保证达到探测器各部分的防护等级；否则，将使探测器可靠性下降，降低探测器的性能，并造成探测器误报火警或故障情况的发生。

（5）设备固定牢固，安装在室外的设备应做好防水保护。

（6）防火封堵应整洁、美观，封堵严密。

第五节　自动售检票系统（AFC）

1. 施工工艺流程

施工准备→管槽敷设→线缆敷设→设备安装→线缆成端→防火封堵→成品保护→调试。

2. 材料要求

（1）AFC系统主机柜、自动售/检票机、网络售票机等根据《轨道交通甲供设备管理办法》进行设备开箱以及进场检验，并形成《开箱检查记录》以及《进场检验记录》。

（2）管、槽、线进场验收根据《建筑电气工程施工质量验收规范》（GB 50303—2015）第3.2.12、3.2.13条和3.2.16条的规定进行检验，并形成《进场检验记录》。

3. 施工工艺操作

（1）施工准备：AFC系统施工技术文件（施工图、设计交底、图纸会审）齐全，AFC系统各分项工程施工安全、技术交底完成且记录完整。AFC系统系统与各专业的接口规格书完整（会签版）。施工材料进场检验、抽检合格。安装施工界面已具备。

（2）管槽敷设：熟悉图纸及相关规范要求，根据深化图纸要求并结合实际情况，在公共区弹线定位，确定线槽位置，弹出线槽轮廓线。根据建筑基础面±0基准，拉线确定分线盒上平面高度（盒体上口平面应低于花岗岩上平面2～15mm），打入膨胀螺栓，调节分线盒标准高度，固定分线盒。特别注意分向盒、出线口的上平面不得高于基础面，否则必须降低基础高度才能安装。确定地面线槽长度（采用切割机进行线槽的切割），修理切割后线槽内外毛刺。线槽出厂时，在线槽两端印刷有安装标记线，在安装时，要仔细观察标记线与防水连接器边缘吻合且平行，这样才能保证线槽接口紧密、牢固。如果线槽进行了切割，线槽端头68mm处用色笔重新画一条标记线。在分线盒线槽接头处放置连接器，然后放置线槽，与盒体相接（注意：相接两线槽缝隙不大于2mm），盖上连接器盖板并用电动螺钉旋具紧固螺栓，并确认螺栓紧固度。检查线槽两端68mm的那根记号线是否与连接器外边相吻合，如果相吻合，相接的两根线槽缝隙合格，反之则重新连接。当确认连接器封闭件连接好后，继续紧固螺栓，使连接器与线槽夹紧。安装线槽固定支架，调节至水平的统一高度，然后用内膨胀螺栓在地面上定位紧固，固定支架的间距不超过2m。防水连接器自带弹性接地装置，并且做好每个连接点接地的连续性。线槽安装好后，对线槽进行气密性测试，封闭所有进出口，打开一只出线口防护盖板，安装好有测试组件盖板，当测试组件装好后可向线槽内充气，当压力表读数大于等于6kPa时，关闭气泵电源，停止充气，然后把充气嘴盖拧紧，保持压力10min，观察压力表读数的保压情况。一般，AFC防水线槽总长度在50～100m的情况下，压力表读数会在4～5kPa上保持（由于加压的原因，线槽及橡胶的张力，压力会下降1～2kPa为正常）。如果压力下降太快则就说明线槽系统漏气。土建单位在敷设花岗石时，不得损坏凸出地面的出线盒，每道各类出线盒出口处应留孔（开孔一定要准确），开孔尺寸应与各类分线盒口外径尺寸相吻合。AFC设备室房间内管槽敷设可参考《综合监控系统管槽敷设》（图2-4-22、图2-4-23）。

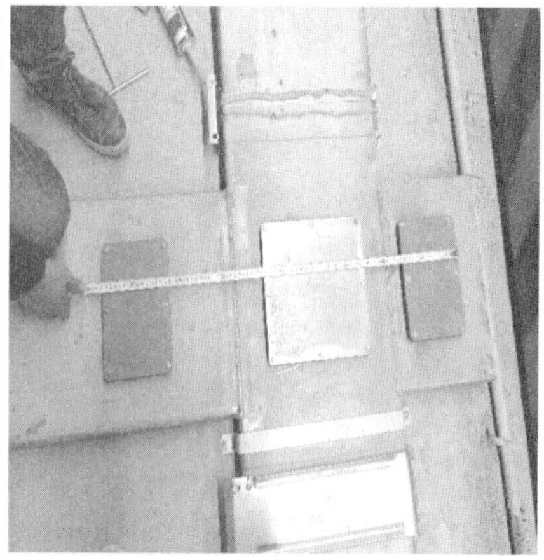

图 2-4-22　管槽敷设

图 2-4-23　气密性试验

（3）线缆敷设：敷设电缆施工时，打开盒体防护盖，保护好防护盖的所有配件，而后敷设导线。当各类导线敷设好后，分向盒恢复防护盖，出线口换成带孔的防护盖，以利出线。最终分向盒的操作口盖上装饰盖板即可，全套工序完成。线缆敷设可参考《低压配电及动力照明工程电线及电缆敷设》（图 2-4-24）。

图 2-4-24　线缆敷设

（4）设备安装：AFC设备室内的UPS机柜以及AFC的服务器柜安装参考《综合监控系统设备安装》，公共区检票机（AG）以及售票机（TVM）安装前，地面装饰石材应铺贴完成并且达到使用强度。检票机以及售票机采用定制模具进行定位打孔。固定方式采用化学螺栓进行固定。螺栓的外露丝扣长度应充分考虑螺母以及垫片的厚度，设备固定完成后以螺栓外露3～4cm为宜。检票机以及售票机安装可参考14ST201-4图集第40～41页。检票机顶棚导向底边距装修完成面2.5m，居中安装，一级、二级吊杆的位置根据顶棚导向的安装位置进行定位（图2-4-25）。

图2-4-25 设备安装

（5）线缆成端：线缆成端参考《综合监控系统线缆成端》，按照电气接线图，设备接线排列整齐、美观，标识、标签清晰。

（6）防火封堵：防火封堵参考《综合监控系统防火封堵》。售/检票机安装调试完成后，采用灰色（与公共区装修石材颜色相近）的防水胶对售/检票机四周进行打胶，做防水处理。

（7）成品保护：AFC设备房内的设备机柜成品保护参考《动力照明机柜成品保护》，公共区内检票机（AG），以及售票机（TVM）采用原包装木箱进行临时的成品保护（图2-4-26）。

图2-4-26 成品保护

（8）调试：AFC 系统调试参考《城市轨道交通机电设备系统调试（第二版）》（宁波市轨道交通集团有限公司建设分公司主编）。

4. 质量控制要点

（1）检查 AFC 防水地面线槽走向的各终端处，不得有开口。有开口的地方应用堵头堵住，防止水进入。

（2）检查各出线口及操作口、密封盖板是否齐全，螺栓是否松动。

（3）检查防水线槽与地面是否固定牢靠，各接点是否有脱落现象。

（4）检测地面线槽全回路接地是否联通。

（5）应确保无重物撞压线槽。

（6）检查线槽气密性，做好线槽防水。

（7）当 AFC 防水地面线槽管道系统安装好后就可以进行混凝土的浇筑。在浇筑混凝土时，应当避免对 AFC 防水地面线槽系统的冲撞，以免破坏线槽的密封。严格做好地面线槽系统的全面防护。在过道处的防水线槽要采用混凝土保护，线槽边缘处用混凝土做成斜坡面，方便拖车通过，防止拖车对线槽产生冲击。

（8）不得在敷设有 AFC 防水地面线槽的地面上钻孔。

（9）不得在安装好的 AFC 防水地面线槽上进行任何焊接。

（10）锚栓固定牢固，不松动，设备安装位置准确，设备安装保证齐平，设备固定后不得有晃动。

第五章　建筑装饰装修工程

第一节　设备区砌体工程

一、钢筋工程

1. 施工工艺流程

定位放线→植筋钻孔→钻孔清洗→钢筋处理→钻孔注胶→植筋→固化养护→抗拉拔试验→钢筋绑扎。

2. 材料要求

（1）光圆、带肋钢筋直径规格和性能需满足规范及设计要求，钢筋堆放需做好防腐措施；

（2）植筋用胶粘剂采用改性环氧类或改性乙烯基酯类耐老化A级胶，黏结强度满足《混凝土结构加固设计规范》（GB 50367—2013）的规定。

3. 施工工艺操作

（1）定位放线

测量员根据车站基准点结合设计图纸，测量标注墙体植筋位置；

（2）植筋钻孔

作业人员根据现场植筋定位放线位置进行钻孔，钻孔直径大小为 $d+4$mm（d 为钢筋直径），深度不小于 $10d$ 或 100mm（表 2-5-1）。

表 2-5-1　植筋要求

钢筋直径（mm）	孔径（mm）	孔深（mm）
6	10	100
8	12	100
10	14	100
12	16	≥120

植筋定位放线

（3）钻孔清洗

钻孔完成后，用毛刷和电吹风机将孔内粉尘清洁干净。毛刷应套上加长棒以伸至孔底部，来回抽动并用吹风机配用塑料管清理尽孔内粉尘。吹完后用脱脂棉蘸酒精或丙酮擦洗孔壁（图 2-5-1）。

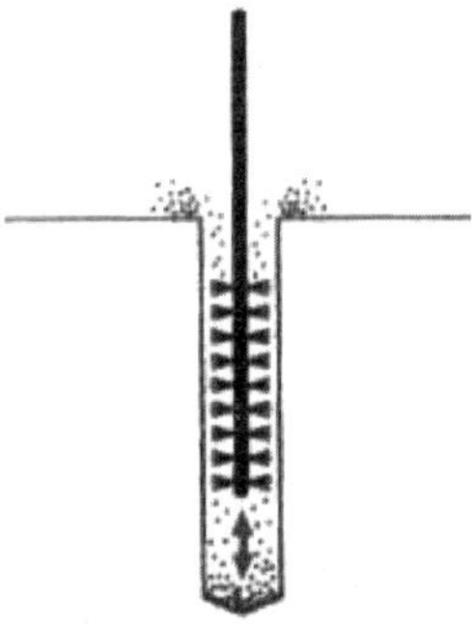

用清孔刷将附着在预孔内壁粉尘刷下，然后用吸尘器或
吹气泵等将孔内粉尘清扫干净。

图 2-5-1　钻孔清洗

（4）钻孔注胶和植筋

植筋孔注胶需先将注胶设备插入孔底，从孔底开始注胶。注胶数量满足孔深的 1/3 或计算钻孔体积减去钢筋占用体积的使用量。注胶完成后立即植筋，将钢筋缓慢旋插入孔底，以便孔内空气排出（图 2-5-2）。

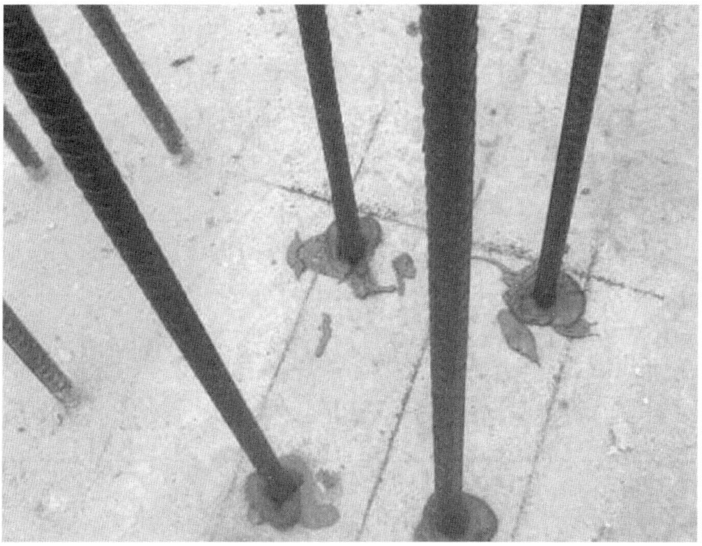

图 2-5-2　植筋孔注胶

（5）植筋的固化养护和拉拔试验

植筋施工完成后做好警示标识和防碰撞措施，以保证植筋胶的正常固化。待植筋胶完全固化后进行非破坏性抗拉拔试验检测，植筋的锚固力值需满足规范及设计值要求（图 2-5-3）。

（6）钢筋绑扎

构造柱的设置严格按设计图纸要求和规范进行布置，纵筋搭接长度必须满足设计要求，搭接区域箍筋按要求加密设置，加密区为底板及顶板间距 500mm，加密区位置箍筋间距 100mm，箍筋应从离地面 50mm 开始绑扎；非加密区箍筋间距不大于 200mm（图 2-5-4）。

图 2-5-3　植筋的固化养护和拉拔试验

图 2-5-4　钢筋绑扎

4．质量控制要点

（1）植筋钻孔应与水平面垂直，避免歪斜现象，深度需满足要求。钻孔清理需透彻，确保孔内无积水和粉尘。

（2）植筋胶的黏结性能应满足锚固强度要求，植筋孔注胶需饱满，避免产生气泡和空鼓。

（3）植筋胶固化阶段，避免其他作业人员碰撞或在水中浸泡。

（4）钢筋搭接长度绑扎需满足规范和设计要求，严格控制加密区域箍筋的绑扎间距。

二、墙体砌筑工程

1. 施工工艺流程

基层处理、抄平弹线→砌块排列→立皮数杆→墙体砌筑、勾缝→构造柱、圈梁、过梁、门框柱混凝土浇筑→砌筑上部墙体→压顶砖砌筑→完工清理→检查验收。

2. 材料要求

砌块砖和砂浆的品种和强度等级需符合设计要求，材料堆放在指定区域，做好保护措施，缺角的砌块禁止使用。

3. 施工工艺操作

(1) 基层处理、抄平弹线

砌砖墙前，根据水平线定位，用水泥砂浆或细石混凝土找平。砌筑前对基层的清理及弹线位置必须进行验收，合格后方可进行砌筑（图 2-5-5）。

图 2-5-5　基层处理、抄平弹线

(2) 砌块排列

在墙体放线位置试摆砖样（生摆，即不铺灰），偏差小时可通过竖缝调整，以减小斩砖数量，并保证砖及砖缝排列整齐、均匀，以提高砌砖效率（图 2-5-6）。

(3) 立皮数杆

砌筑前应根据砌块皮数制作皮数杆，在墙体转角处及交接处竖立，皮数杆间距不得超过 4m（图 2-5-7）。

(4) 墙体砌筑、勾缝

墙体砌砖竖向和横向灰缝砂浆需饱满，灰缝厚度为 8～12mm，勾缝均匀，不得出现透明缝、瞎缝和假缝，防止抹灰层开裂、渗漏；上、下层相邻砌块搭砌长度不小于整块砌砖的 1/3（图 2-5-8）。

图 2-5-6　砌块排列

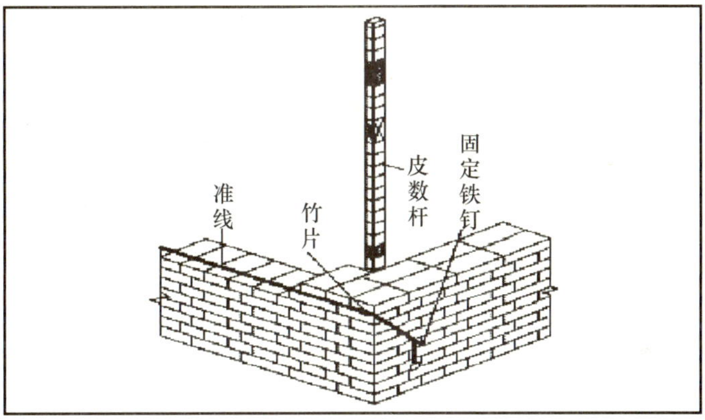

图 2-5-7　立皮数杆

图 2-5-8　墙体砌筑、勾缝

（5）压顶砖砌筑

填充墙砌至接近梁、板底时，应留一定空隙，待填充墙砌筑完并应至少间隔 7d 后，再将其补砌挤紧。顶砖高度宜为 200mm，倾斜角度为 45°～60°，“倒八字”砌筑，采用三角形混凝土预制块收口，保证顶砖砂浆饱满，防止梁底通长裂缝的出现（图 2-5-9）。

图 2-5-9　压顶砖砌筑

4. 质量控制要点

（1）墙体砌筑时灰缝不得超过 12mm，同时要求同一面墙上砌体灰缝厚度差（最大与最小之差）不得超过 2mm，以保证灰缝观感上均匀一致。砌筑灰缝应横平竖直，砂浆饱满不低于 90%，竖缝不得出现挤接密缝。

（2）砌筑前根据模数画好皮数杆位置，并立好皮数杆，双面挂线进行砌筑，砌筑时要认真进行自检，如出现偏差，应随时纠正。

（3）砌筑时构造柱马牙槎先退后进，高度 300mm（即五皮砖），进退距离 60mm，同时要按规定设置拉结筋。

三、混凝土工程

1. 施工工艺流程

模板安装→混凝土搅拌、运输→混凝土浇筑、振捣→养护、拆模→检查验收。

2. 材料要求

砂、石、水泥品种和规格、型号应满足设计要求，混凝土按照设计配合比报告进行搅拌，抗压强度满足设计值要求。

3. 施工工艺操作

（1）模板安装

混凝土结构模板需采用木条和直径 16mm 螺杆拉结固定牢靠。模板与墙面的结合处采用密封胶条粘贴，防止砂浆渗漏（图 2-5-10）。

图 2-5-10　模板安装

（2）混凝土搅拌、运输

混凝土搅拌按照配合比设计报告要求进行配料，运输过程中保持搅拌状态，通过混凝土运输管道输送至使用部位。

（3）混凝土浇筑、振捣

混凝土浇筑时，用铁锹将混凝土均匀入模，分层浇筑、振捣，每次下料厚度不大于600mm。使用插入式振动棒振捣密实，防止表面气泡、蜂窝、麻面产生（图 2-5-11）。

图 2-5-11　混凝土浇筑、振捣

（4）养护、拆模

混凝土结构浇筑后，需进行养护处理，并达到一定强度后方可拆模施工（图 2-5-12）。

图 2-5-12　养护、拆模

4. 质量控制要点

（1）混凝土结构支模使用对穿螺栓和固定卡加固，加设模板密封胶；混凝土浇筑需振捣密实，避免表面出现气泡。

（2）门窗孔洞和大于 300mm 宽的管线预留孔上方必须增设混凝土过梁；过梁两端与门窗洞口两边墙体各搭接 250mm，如果遇到构造柱时与构造柱同时浇筑，一端伸入墙体 250mm，另一端与构造柱相交。

第二节　地面工程

一、地面石材铺设

1. 施工工艺流程

基层清理→放铺贴控制线→刷素水泥浆结合层→铺干硬性砂浆→试铺石材→石材背后刮素水泥浆→铺贴→嵌缝→养护→成品保护。

2. 材料要求

石材品种、规格、防水性能、抗压强度应符合规范及设计要求，有裂纹、缺棱掉角、存在色差的石材禁止使用。

3. 施工工艺操作

（1）基层清理

先将基层清理干净，无浮灰、杂物后洒水湿润基层（图 2-5-13）。

图 2-5-13　基层清理

（2）测量放线

在起铺点（中心里程最近柱轴线）弹互相垂直的主要控制线，以控制石材板块的位置。十字线弹在混凝土垫层上并引至墙面底部（图 2-5-14）。

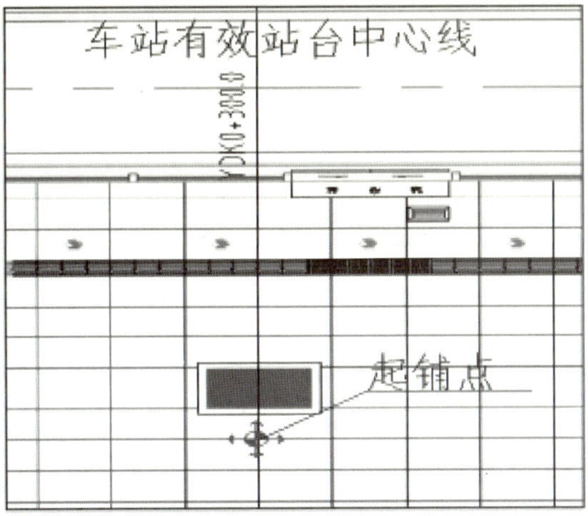

图 2-5-14　测量放线

（3）刷水泥浆结合层

均匀洒水湿润基层，刷素水泥浆（一般水灰比为 1∶2），随刷随铺砂浆（建议刷浆宽度为一块板材的宽度）（图 2-5-15）。

（4）铺设砂浆

根据控制线确定砂浆铺设厚度，铺干硬性水泥砂浆。干硬性砂浆宜虚铺 3～4mm，其总厚度控制在 35mm 左右（图 2-5-16）。

图 2-5-15　刷水泥浆结合层

图 2-5-16　铺设砂浆

（5）石材铺贴

① 石材铺贴，安放时四角同时往下落，用橡皮锤或木槌轻击木垫板，根据水平线用铁水平尺找平，铺完第一块，向两侧和后退方向顺序铺砌（图 2-5-17）。

② 站台层石材铺贴时，应从站台柱中心开始铺贴至与绝缘带相邻处的一块石材止，把非标板放在与绝缘带相交的位置处。优点：把非标板留在两侧，非标板的尺寸与标板相差不明显；非标板与绝缘带相交处有 10mm 的缝隙，误差不明显（图 2-5-18）。

图 2-5-17 石材铺贴

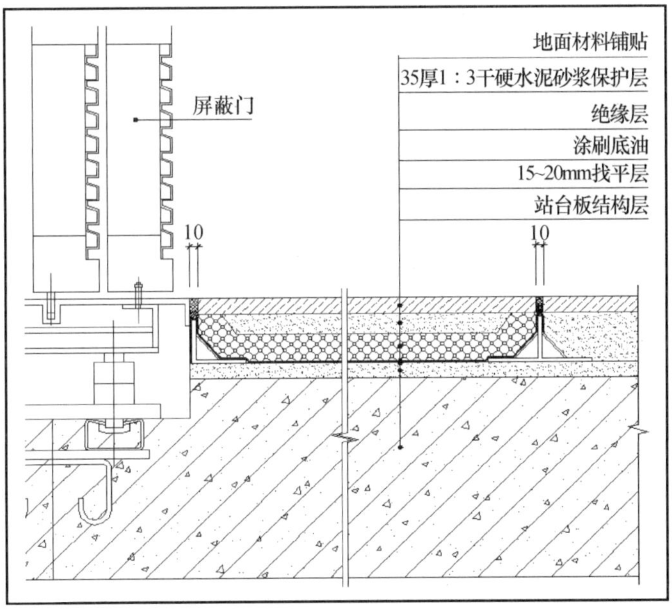

图 2-5-18 站台石材绝缘层剖面图

4. 质量控制要点

（1）样板铺贴，确定铺贴质量验收标准及检验作业人员施工水平。

（2）检验石材铺贴平整度、接缝高低差、板缝直线度应符合规范及设计要求。

（3）石材切割加工后需进行风干处理，并及时涂刷防水剂。

（5）铺贴完成的石材需铺设橡塑板或围蔽，做好成品保护措施。

二、防静电地板安装

1. 施工工艺流程

基层清理→排板弹线→绝缘漆涂刷→接地铜箔铺设、固定支架安装→防静电地板安装。

2. 材料要求

防静电地板尺寸、厚度满足设计要求，表面铝板无起皮、锈蚀现象；支架底座高度满足设计要求。

3. 施工工艺操作

(1) 基层清理

将压光地面上浮碴、灰尘等清理干净，地面如有凸凹物进行填补或铲除，保持地面平整（图 2-5-19）。

图 2-5-19　基层清理

(2) 排板弹线

从门口整块起铺，保证大面积美观。应尽量减少出现小于 1/3 的非标块；如地面有设备，应合理避开支架位置，局部可做调整（图 2-5-20）。

图 2-5-20　排板弹线

（3）绝缘漆涂刷

地面清理干净后，做绝缘漆涂刷施工，待第一遍涂刷完成充分干燥后，再进行第二遍涂刷施工。待设备安装完成后进行第三遍补刷（图 2-5-21）。

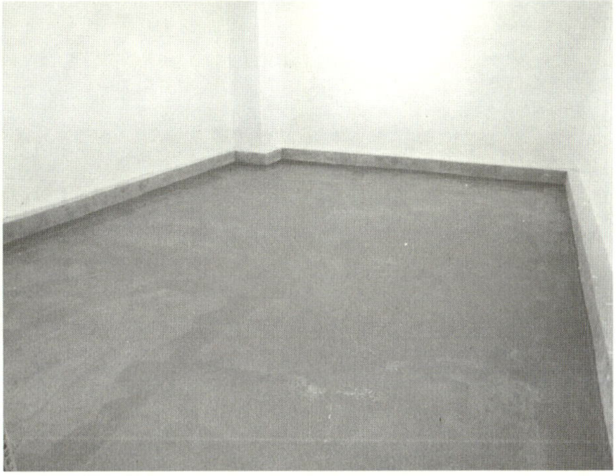

图 2-5-21　绝缘漆涂刷

（4）接地铜箔铺设、固定支架安装

接地铜箔（0.6m×0.6m 网格）与接地端子连接；将支架放置在网格线交点，根据完成面标高，拉纵横水平通线调整支柱（架）顶托并固定，安装水平支架（如现场条件及配合单位地槽影响，应根据现场调整）（图 2-5-22）。

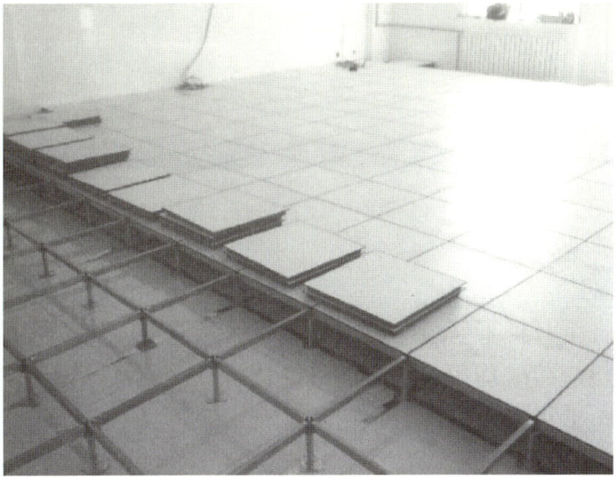

图 2-5-22　接地铜箔铺设、固定支架安装

（5）防静电地板安装

支柱（架）安装完成，调整水平后，安装防静电地板，并调整活动地板的缝隙使之顺直。设备房穿孔防静电地板根据规范及设计要求铺设（图 2-5-23）。

（6）设备房收口施工

静电地板设备房墙面四周底部砌筑 120mm 厚墙体，高度与防静电地板支架同高；防火门处收口采用地砖铺设，铝合金板压边（图 2-5-24）。

图 2-5-23 防静电地板安装

图 2-5-24 设备房收口施工

4. 质量控制要点

（1）防静电地板下有桥架管线时，应先铺设桥架管线，再安装活动地板。

（2）防静电地板应接缝均匀、对接缝平整。

（3）做好防静电地板接地措施，铜箔与接地端子连接。

第三节 墙面工程

一、一般抹灰

1. 施工工艺流程

基层处理、浇水湿润→找规矩、做灰饼→设置标筋、做护角→抹底灰、中灰→窗台板、墙裙或踢脚板抹灰→墙面抹灰→清理。

2. 材料要求

抹灰砂浆强度需满足设计要求。

3. 施工工艺操作

(1) 基层处理、浇水湿润

抹灰前清除墙面的灰尘、污垢、砂浆块等附着物，清扫干净后，洒水润湿，便于抹灰层与基层之间黏结牢固（图 2-5-25）。

图 2-5-25 基层处理、浇水湿润

(2) 找规矩、做灰饼

用一面墙做基准，用方尺规方先弹出十字中心线，再按墙面基层的平整度在地面弹出墙角线，随后在距墙阴角 100mm 处吊垂线并弹出垂直线，再按地上弹出的墙角线往墙上翻引，弹出阴角两面墙上的墙面抹灰层厚度控制线（厚度包括中层抹灰），以此确定标准灰饼厚度（图 2-5-26）。

图 2-5-26 找规矩、做灰饼

（3）设置标筋、做护角

标筋在灰饼间抹灰（水平方向）厚度与宽度与灰饼同上下水平，冲筋心应在同一垂直面内；护角做在室内的门窗洞门及墙面、柱子的阳角处，护角高度>2m，每侧宽度不大于 5cm（图 2-5-27）。

图 2-5-27　设置标筋、做护角

（4）窗台板、墙裙或踢脚板抹灰

抹灰用 1∶3 水泥砂浆打底，表面划毛，养护 1d 刷素水泥浆一道，抹 1∶2.5 水泥砂浆罩面灰，原浆压光（图 2-5-28）。

图 2-5-28　窗台板样板

（5）墙面抹灰

墙面抹灰分抹底灰、中灰、面灰三道工序，按工序要求顺序完成。墙面不同结构部位交界处需增设耐碱涂塑玻纤网格布，避免墙面开裂现象（图 2-5-29）。

图 2-5-29　墙面抹灰

4. 质量控制要点

（1）墙面抹灰前对基础必须处理干净，且蒸压加气混凝土砌块砖需凿毛处理，以便抹灰层和基层能够良好黏结。

（2）墙面不同结构材料交接处必须挂网施工，防止墙面空鼓、开裂。

（3）严格把控墙面抹灰厚度和平整度。

二、墙面乳胶漆

1. 施工工艺流程

基层处理→满刮腻子（2 遍）→打磨→乳胶漆涂刷（2～3 遍）。

2. 材料要求

乳胶漆材质满足设计及环保要求。

3. 施工工艺操作

（1）基层处理

先将装修表面上的灰块、浮渣等杂物用开刀铲除，如表面有油污，应用清洗剂和清水洗净，干燥后再用棕刷将表面灰尘清扫干净。

（2）满刮腻子

待修补砂浆凝固后，衬刮板梁阴阳角，第一遍应用胶皮刮板满刮，要求横向刮抹平整、均匀、光滑，密实平整，线角及边棱整齐，第一遍腻子自然风干打磨后满刮第二遍耐水腻子，再次进行打磨平整（图 2-5-30）。

（3）乳胶漆涂刷（图 2-5-31）

① 喷涂第一遍涂料：涂刷前需将墙面粉尘清扫干净，第一遍底漆需掺 5%环保型建筑胶，按先上后下的顺序进行喷涂，乳胶漆要求搅拌均匀、喷涂厚度平整。

② 喷涂第二遍涂料：喷涂第二遍无机不燃涂料要提前调整好喷枪喷雾状态，控制好气泵气压，保证喷枪嘴离喷涂面 0.5～1m 距离，喷枪移动速度保持一致，均匀喷涂，避免流坠、疙瘩等现象发生。喷枪涂刷不到的局部部位，用棕刷或排笔涂刷。

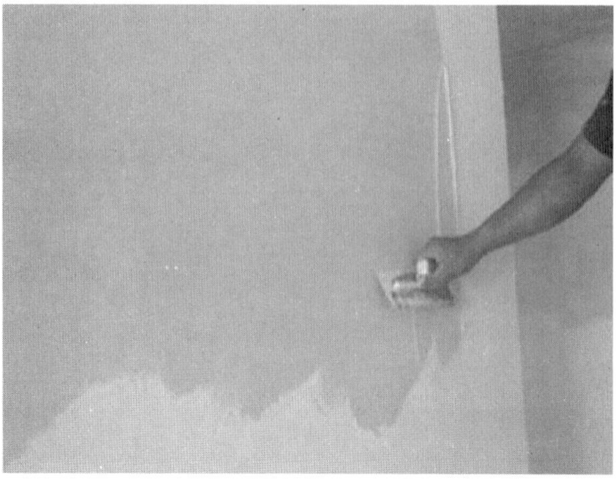

图 2-5-30　满刮腻子

图 2-5-31　乳胶漆涂刷

4. 质量控制要点

(1) 乳胶漆材料需根据使用说明配比进行调配均匀。

(2) 腻子和乳胶漆涂料必须在墙面处于干燥情况下进行施工。

(3) 第二遍乳胶漆涂刷完成后做好墙面保护措施。

三、金属饰面板工程

1. 施工工艺流程

放样弹线 → 角码和龙骨安装 → 调平龙骨 → 安装橡胶垫 → 金属面板安装 → 微调校正 → 揭膜。

2. 材料要求

龙骨材料规格尺寸满足设计要求；金属面板无刮痕和脱漆现象，平整度偏差在规范及设计要求内。

3. 施工工艺操作

(1) 放样弹线

结合设计图纸与现场情况进行测量排板，根据设计板块规格，在装饰区域准确弹出主龙骨中心线，并进行复核，确保准确性。

(2) 角码和龙骨安装

根据标高控制线、龙骨中心线确定钻孔位置，钻头应与螺栓直径相匹配且垂直，钻孔深度应满足规范要求。安装龙骨时，以龙骨完成面控制线为调整基准，兼顾相邻龙骨，进行上下、前后、左右三维调整，待龙骨的垂直度和整体水平度均符合要求后拧紧螺栓，然后安装阻燃橡胶垫（图 2-5-32）。

图 2-5-32 角码和龙骨安装

(3) 金属面板安装

安装面板前，先检查基层龙骨是否紧固、龙骨水平度和垂直度是否满足安装需要，板块安装自下而上，板块之间的拼缝宽度应整齐，符合设计要求，同时调整板块之间的平整度，做到横平竖直，对缝均匀（图 2-5-33）。

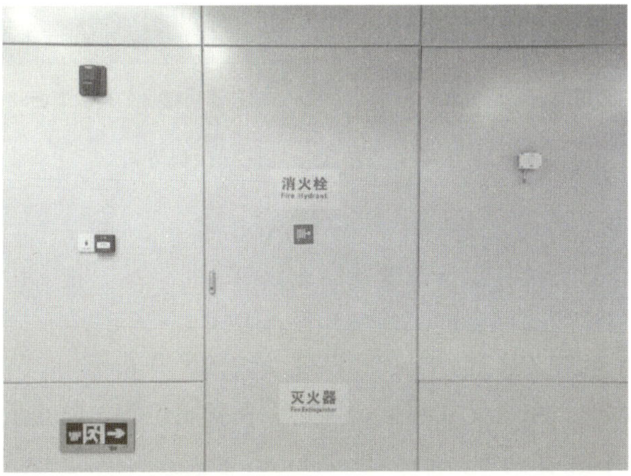

图 2-5-33 金属面板安装

（4）墙面伸缩缝处理

竖龙骨应在伸缩缝两侧分别设立，横龙骨、面层装饰板也在伸缩缝处断开（图 2-5-34）。

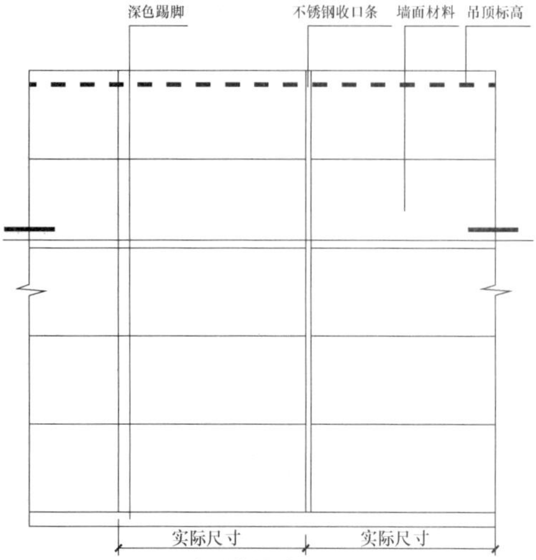

墙面伸缩缝立面图

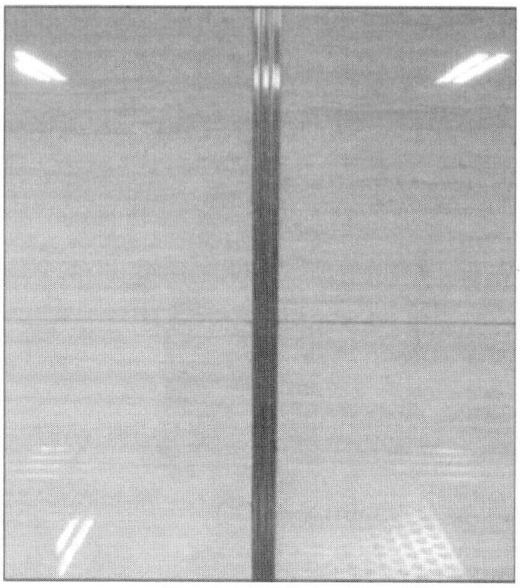

墙面伸缩缝现场示意图

图 2-5-34　墙面伸缩缝处理

（5）三角房与电扶梯接口处理

墙体砌筑或钢构架龙骨安装前预留墙面装饰厚度，保证装饰完成面与扶梯面在同一平面上（图 2-5-35）。

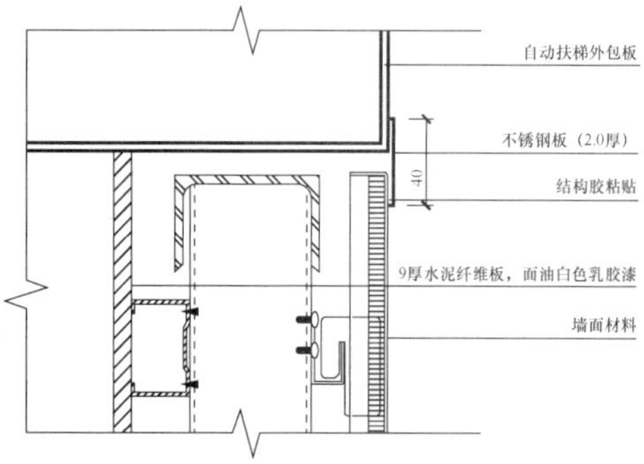

自动扶梯与三角房墙面收口方式一

自动扶梯与三角房墙面收口方式一现场图片

图 2-5-35　三角房与电扶梯接口处理

4. 质量控制要点

（1）墙面装修龙骨焊接处需做好除锈防腐措施。

（2）墙面龙骨锚栓的锚固强度必须满足设计要求。

（3）金属面板上的开关、插座、门锁等孔洞需预先开孔。

（4）提前与风水电、系统专业对接，确定设备安装位置，防止设备、墙面龙骨位置冲突，出现返工。

（5）面板安装缝隙和对缝平整度在规范和设计允许偏差范围。

（6）面板安装过程做好成品保护措施，避免磕碰掉漆现象。

四、离壁墙安装工程

1. 施工工艺流程

测量放线 → 龙骨安装 → 离壁墙安装 → 检修口安装。

2. 材料要求

龙骨材料规格尺寸满足设计要求；离壁墙板厚度、材质满足设计要求。

3. 施工工艺操作

（1）测量放线

用墨斗放线在清扫干净的地面上，随后用线坠引伸到顶板上及墙、柱上，并明显标出检修洞口的位置（图 2-5-36）。

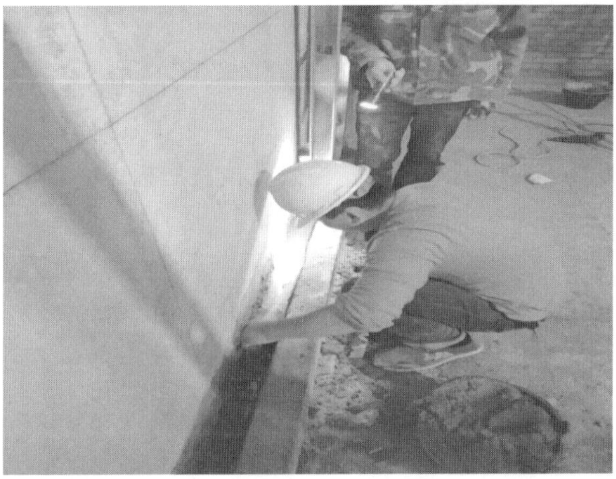

图 2-5-36　测量放线

（2）龙骨安装

根据测量放线位置安装墙面龙骨，龙骨安装间距符合设计要求（图 2-5-37）。

图 2-5-37　龙骨安装

(3) 离壁墙安装

板面之间必须留有5mm的缝，采用专用铆钉固定，间距400mm（图2-5-38）。

图2-5-38　离壁墙安装

(4) 检修口安装

离壁墙检修口设置于离壁墙地漏处，检修孔位置居板中心，下口距地300mm，四边背衬附加龙骨，保证美观、牢固（图2-5-39）。

图2-5-39　检修口安装

4. 质量控制要点

(1) 离壁墙安装之前离壁沟内垃圾必须清理完成，且做防水处理。

(2) 离壁墙龙骨需做好除锈防腐措施。

第四节　吊顶工程

一、穿孔铝板吊顶工程

1. 施工工艺流程

弹线→安装吊筋→吊顶龙骨制作安装→检查吊顶上方管线是否安装完成→金属板挂

板安装→验收→板面清理。

2. 材料要求

各级材料级别、规格以及零配件应符合设计要求。

各种材料应有产品质检合格证书和有关技术资料、配套齐备。

3. 施工工艺操作

（1）弹线

按照楼层高度，根据设计标高，沿墙体四周，采用激光投线仪测量并弹出吊顶标高水平线（图 2-5-40）。

图 2-5-40　弹线

（2）主龙骨吊杆安装

在弹好顶棚标高水平线及龙骨位置线后，确定吊顶下端头的标高，安装预先加工号的吊筋，吊筋装用 ϕ12mm 的膨胀螺钉固定在顶棚上。吊筋选用 ϕ8mm 通丝吊杆，吊筋间距控制为 900～1200mm 范围（图 2-5-41）。

图 2-5-41　主龙骨吊杆安装

（3）边龙骨安装

安装后的吊顶净高要求和标高控制线平行，在墙四周预埋防腐木楔并用圆钉固定边龙骨，固定间距不大于300mm；要求龙骨安装前墙面已处理完毕。

（4）铝板吊顶安装：将排好版的铝板按照顺序进行安装（图2-5-42）。

图2-5-42　铝板吊顶安装

4. 质量控制要点

（1）吊杆距主龙骨端部距离不得大于300mm，当大于300mm时应增加吊杆。当吊杆长度大于1.5m时应设置反支撑。

（2）饰面板上的灯具、烟感器、喷淋头、风口篦子等设备的位置应合理、美观，与饰面板的交接应吻合、严密。

（3）金属吊杆、龙骨的接缝应均匀一致，角缝应吻合，表面应平整，无翘曲、锤印。

二、铝合金方（圆）通吊顶工程

1. 施工工艺流程

弹标高控制线→弹吊杆点线→吊杆固定→主次龙骨安装→检查吊顶上方管线是否安装完成→铝合金方（圆）通吊顶安装→细部处理→验收。

2. 材料要求

各级材料级别、规格以及零配件应符合设计要求。

各种材料应有产品质检合格证书和有关技术资料、配套齐备。

3. 施工工艺操作

（1）弹标高控制线

按照楼层高度，根据设计标高，沿墙体四周，采用激光投线仪测量并弹出吊顶标高水平线。

（2）吊杆安装

确定施工放向，并按≤1200mm的距离在吊顶上打吊装孔，同时调整标高保持一致，轻钢龙骨间距≤1200mm。

(3) 龙骨安装

用通用吊杆将卡式龙骨与轻钢龙骨固定，卡式龙骨间相互平行并与轻钢龙骨垂直，卡式龙骨间距≤1200mm（图 2-5-43）。

图 2-5-43 龙骨安装

(4) 铝合金方（圆）通吊顶安装

将铝合金方（圆）通按照固定的间距卡入卡式龙骨，轻微调整即可（图 2-5-44）。

图 2-5-44 铝合金方（圆）通吊顶安装

4. 控制要点

铝合金方（圆）通安装后，要注意整体调平，尽量控制在靠近边墙 10～20mm。

第五节 门窗工程

1. 工艺流程

画线定位→立框校正→连接固定→门扇安装→五金配件安装→清理现场、成品保护→验收。

2. 材料要求

(1) 钢制防火门及其附件的质量必须符合设计要求和有关消防标准的规定。防火门的功能指标必须符合设计与使用要求。

(2) 钢制防火门品种、类型、规格、尺寸、安装位置、开启方向及防腐处理应符合图纸设计要求。

3. 施工工艺操作

(1) 划线定位

测量洞口尺寸，按照现场标高线给门框定位，测量与该洞口对应的防火门的尺寸，确认无误后开始安装。

(2) 立框校正

校正尺寸，保证在同一平面安装，把框立在规定的洞口上，框下面用 5cm 厚的木块垫起。

(3) 连接固定：把门框用膨胀螺栓与洞口墙体连接上。

(4) 安装门扇时用铰链把门扇安装到门框上，保证闭门时无缝隙开启自如(图 2-5-45)。

图 2-5-45　门扇安装

(5) 五金配件安装

安装五金：把锁、顺位器、暗插销、闭门器按照指定孔位安装在防火门上，安装完毕马上进行调试（图 2-5-46)。

图 2-5-46 五金配件安装

(6) 清理现场、成品保护

安装完毕马上清理现场遗留下来的垃圾物，做好成品保护，防止防火门刮花(图 2-5-47)。

图 2-5-47 成品保护

4. 质量控制要点

(1) 防火门门扇、门框的尺寸极限偏差应符合设计、规范要求。

(2) 钢制防火门门扇安装应关闭严密、开启灵活，无变形，无倒翘。防火门密封性号，自动关闭灵敏。

第六节　扶手栏杆等工程

1. 施工工艺流程

定位放线→安装预埋件→焊接立杆→安装盖板石材→安装扶手固定扁钢→安装玻璃或铁艺栏杆→抛光、细部处理。

2. 材料要求

(1) 不锈钢扶手、栏杆的壁厚的规格、尺寸、形状应符合设计要求，一般壁厚不小于1.5m，以钢管为立杆时壁厚不小于2mm。

(2) 玻璃栏板的厚度应符合设计要求，并不小于12m的钢化玻璃或夹胶玻璃，钢化玻璃应有进场复试报告。

(3) 一般用硬杂木加工半成品，其树种、规格、尺寸、形状按设计要求。木料材质均应纹理顺直、颜色一致，不得有腐朽、节疤、裂缝、扭曲等缺陷，含水率不大于12%，弯头一般使用扶手料以45°断面相接，断面特殊的木扶手按设计要求备弯头料。

(4) 一般用聚醋酸乙烯（乳胶）等化学胶粘剂，胶粘剂中有害物质限量应符合国家规范要求。

3. 施工工艺操作

(1) 定位、放线

按照设计要求，将固定件间距、位置、标高、坡度进行找位校正，弹出栏杆纵向中心线分格的位置线。

(2) 安装固定件

按所弹固定件的位置线，打孔安装，每个固定件不得少于2个ϕ10mm的膨胀螺栓固定，焊接杆，铁件的大小、规格尺寸应符合设计要求。检验合格后，焊接立杆。

(3) 立杆焊接

焊接立杆与固定件时，应放出上、下两条立杆位置线，每根主立杆应先点焊定位检查垂度没有问题后，再分断满焊，焊接焊缝符合设计要求及施工规范规定。焊接后应清除焊药进行防锈处理。

(4) 安装石材盖板

地面为石材地面时，栏杆处安装有整块石材时，立杆焊接后，按照立杆的位置，将石材洞套装在立杆上。开洞大小应保证栏杆的法兰盘能盖严。安装盖板时宜使用水泥砂浆。固定石材，可加强立杆栏杆的稳定性。

(5) 焊接扶手或安装扶手固定用的扁钢

采用不锈钢管扶手时，焊接宜使用氩弧焊机焊接，焊接时应先点焊，检查位置间距、垂度、直线度是否符合质量要求，再进行两侧同时满焊。焊缝一次不宜过长，防止钢管受热变形（图2-5-48）。

(6) 加工玻璃或铁艺栏杆

玻璃栏板应根据图纸或设计要求及现场的实际尺寸加工玻璃。玻璃各边及阳角应抛

图 2-5-48 焊接或安装扶手

成斜边或圆角，以防伤手。铁艺的加工、规格、尺寸造型应符合设计要求，根据实际尺寸编号（现场尺寸可小于实际尺寸 1～2m）。安装焊接必须牢固（图 2-5-49）。

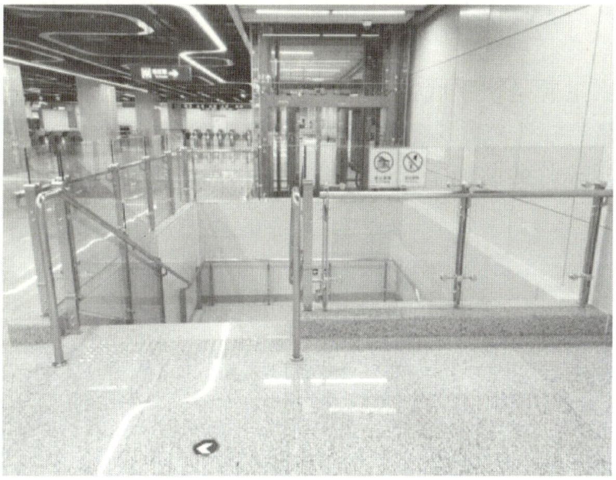

图 2-5-49 加工玻璃或铁艺栏杆

（7）抛光、细部处理

不锈钢管焊接时，表面抛光时先用粗片进行打磨，如表面有砂眼不平处，可用氩弧焊补焊，大面磨平后，再用细片进行抛光。抛光处的质量效果与钢管外观一致。方、圆钢管焊缝打磨时，必须保证平整、垂直。经过防锈处理后，焊接焊缝及表面不平、不光处可用原子灰补平、补光。焊后打磨清理，并按设计要求喷漆（图 2-5-50）。

4. 质量控制要点

（1）栏杆、栏板活动：固定件没有安装在牢固的结构上，所用的膨胀螺栓没有拧紧，栏杆与固定件没有焊接安装牢固或开焊。在安装固定件时，必须打眼安装在原结构上，如有石材钢骨架时，可与其连接。栏杆与固定件焊接时，必须达到焊接的质量要求，并清除焊药，刷防锈漆处理。所使用的材质厚度必须符合设计要求。

图 2-5-50 抛光、细部处理

（2）黏结对缝不严或开裂：主要是木扶手料含水率高，安装后干缩所致。扶手料进场，应存放在库内保持通风干燥，严禁在受潮情况下安装。

（3）螺母不平、伤手：主要是钻孔角度不当，施工时钻孔方向应与扁铁固定件面垂直。

（4）接槎不平：主要是扶手底部开槽深度不一致，栏杆扁铁或固定件不平整，影响扶手接槎的平顺质量。

（5）玻璃栏板伤手：玻璃加工时四周应留 3mm 的倒边，阳角可加装不锈钢护角。

第三篇　轨道工程实体标准化

第一章　轨道工程测量

一、施工测量工艺流程图

施工测量工艺流程图如图 3-1-1 所示。

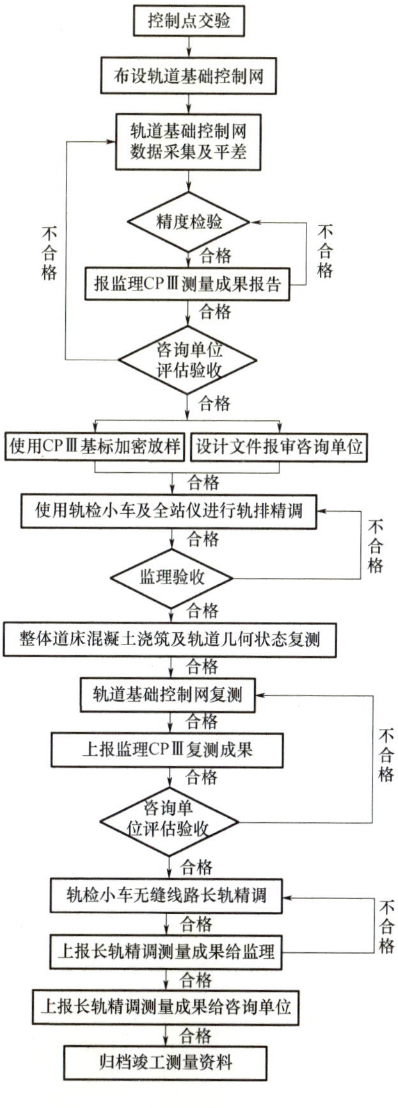

图 3-1-1　施工测量工艺流程图

二、上级控制点的复测

1. 平面控制点交接桩及其精度要求

在业主的组织下，及时完成交接桩工作。为保证精测网准确性，控制点接桩后，采用平面精密导线符合路线进行测量。复测结果与交桩成果进行对比，并报审测控中心进行审批，点位差异在允许范围内时，则以原有的成果为准不做改动，对点位差异在允许范围外时，测量中心现场对控制点进行复测，并重新确定控制点采用成果，并交付施工单位使用。精度要求满足表 3-1-1～表 3-1-3 精密导线点等要求。

表 3-1-1　精密导线点精度要求

等级	测角中误差（″）	测距相对中误差	方位角闭合差（″）	导线全长相对闭合差	相邻点的相对点位中误差（mm）
精密	±2.5	1/60000	$\pm 5\sqrt{n}$	1/35000	±8

注：表中 n 为导线的角度个数，一般不超过 12；线路超长时，宜布设结点导线网，结点间角度个数不宜超过 8 个；相邻的短边宜不小于长边的 1/2，个别短边的边长应不小于 100m。

表 3-1-2　距离测量限差技术要求

全站仪等级	测回中读数间较差（mm）	单程各测回间较差（mm）	往返测或不同时段结果较差（mm）
Ⅰ级	3	4	2（$a+bd$）

注：（$a+bd$）为仪器标称精度；a 为固定误差；b 为比例误差系数；d 为距离测量值（以千米计）。

表 3-1-3　水平角观测技术要求

全站仪等级	测回数	半测回归零差（″）	一测回内 2C 较差（″）	同一方向值各测回较差（″）
Ⅰ级	4	6	9	6

2. 高程控制点复测及精度要求

水准测量采用符合水准路线和闭合水准路线按照《城市轨道交通工程测量规范》（GB/T 50308—2017）中国家二等水准测量进行检核，采用有效的软件平差，高程成果保留到 0.1mm。水准测量的观测方法如下：

（1）往测：奇数站为后—前—前—后；
　　　　　偶数站为前—后—后—前。

（2）返测：奇数站为前—后—后—前；
　　　　　偶数站为后—前—前—后。

（3）由往测转向返测时，两根水准尺必须互换位置，并应重新整置仪器。

（4）每次闭合时只能在偶数站闭合。

主要技术要求及精度依据见表 3-1-4～表 3-1-6。

表 3-1-4　二等水准测量主要技术要求

等级	水准仪等级	水准尺类型	视距（m）	前后视距差（m）	前后视距累积差（m）	视线高度（m）	重复测量次数
二等	DS1 电子水准仪	铟瓦尺	≤60	≤2	≤4	≥0.3	≥2 次

表 3-1-5　二等水准点精度要求

水准测量等级	每千米水准测量偶然中误差 M_{Δ}（mm）	每千米水准测量全中误差 M_W（mm）	限差			
			检测已测段高差之差	往返测不符值	附合路线或环线闭合差	左右路线高差不符值
二等	±2.0	±4.0	$\pm 8\sqrt{L}$	$\pm 8\sqrt{L}$	$\pm 8\sqrt{L}$	$\pm 6\sqrt{L}$

注：表中 L 为附合或闭合水准路线长度，单位 km。

表 3-1-6　水准测量的测站观测限差

等级	上下丝读数平均值与中丝读数之差	基、辅分化读数之差	基、辅分化所测高差之差	检测间歇点高差之差
二等（mm）	3.0	0.5	0.7	2.0

3. 上级控制点的复测方法及步骤

平面导线控制点的复测按照《城市轨道交通工程测量规范》（GB/T 50308—2017）中精密导线附合路线进行校核，如图 3-1-2 所示，导线从已知控制点 B 和已知导线点 A 出发，经过 1、2、3 等一系列导线点，最后附合到导线点 C 和 D。

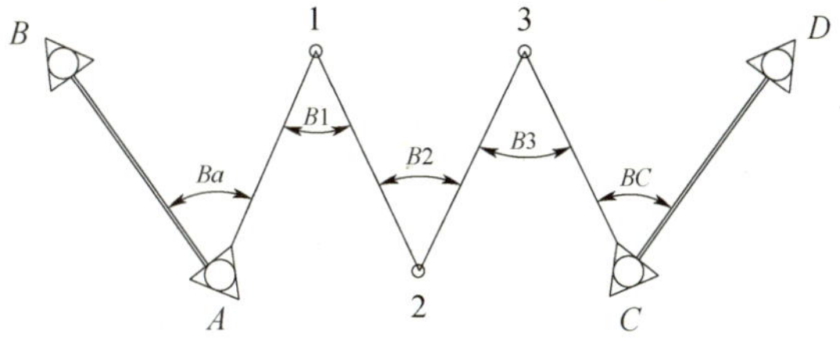

图 3-1-2　附合导线复测示意图

导线观测角度和导线边长，Ⅰ级全站仪每一个测站角度观测 4 测回，导线边长往返测距各 2 测回观测，沿导线前进方向测设水平角。

导线计算分为以下五个步骤进行：①角度闭合差的计算和调整；②坐标方位角的推算；③坐标增量的计算；④增量闭合差的计算和调整；⑤坐标计算。

导线观测时应在天气晴朗、空气质量良好、雾气较小的情况下进行，采用精密附合导线形式进行导线复测。一般按照如下步骤：

（1）在测站上安置全站仪，在后、前视上安置棱镜，对中、整平，镜面对向测站。

（2）打开全站仪电源，上下转动望远镜、水平旋转仪器进行初始化，设置为角度测量状态，测站分别读记测前气压、温度。

（3）盘左望远镜十字丝照准后视导线点方向的反射棱镜觇牌纵横标志线，水平方向按照表 3-1-7 进行配盘设置角度，然后，照准读前视导线点方向的反射棱镜觇牌纵横标志线，读记水平角、平距。水平角观测配盘方法见表 3-1-7。

表 3-1-7　水平角观测配盘方法

测回序号	1	2	3	4
配盘角度（dms）	00.0050	30.1230	60.2410	90.3550

（4）盘右转到后视导线点方向照准反射棱镜觇牌纵横标志线，同法测量记录。按照此方法测完4个测回。

三、轨道基础控制网布设

轨道基础控制点布设应根据设计单位发布的限界图，轨道基础控制点沿线路成对布设。直线段纵向间距布置为50～60m，曲线段纵向间距布置为30～40m。轨道基础控制点成对埋设于隧道侧墙、中隔墙或站台廊檐上。同一对点里程布设在同一管片上，点位布设高度按照设计值测设。点相对埋设较高，轨道基础控制网点数据采集宜采用自由测站三角高程进行测量，在每300m左右处在相对轨道基础控制点下方高于轨面20cm加设一个点用于三角高程测量。高架段和U型槽地段宜采用二等水准测量测设，条件困难时轨道基础控制网点控制点高程测量可以利用轨道基础控制网点平面网测量的边角观测值，采用轨道基础控制网点控制网自由测站三角高程测量方法与轨道基础控制网点平面控制测量合并进行，两者高程测量相比对，较差不应大于测规要求限值。

1. 轨道基础控制网点标号

轨道基础控制点按照线路里程递增方向进行编号。位于线路里程增大方向左侧的控制点号为奇数，右侧的则为偶数编号，在长短链地段其编号不能重复编制。

控制点编号统一采用六位数，具体为：X（左右线标识Z或Y）+××（里程整千米数）+G（表示轨道基础控制点）+××（该整千米段内点位序号）。例如：Z26G01，表示左线26km内轨道基础控制点第1号点。一般沿线路方向左侧奇数，右侧偶数编制（图3-1-3）。

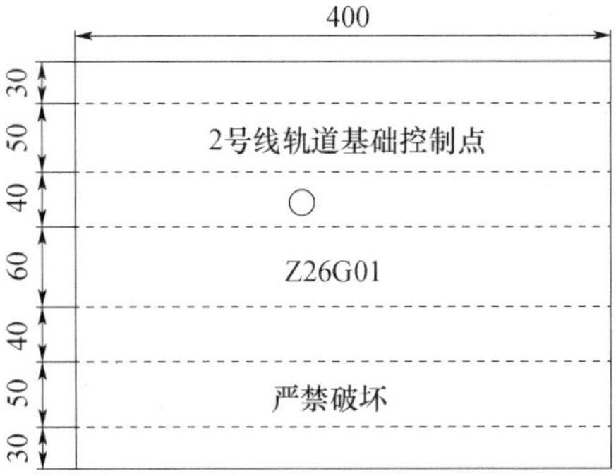

图3-1-3　控制点编号

2. 轨道基础控制网平面测量

（1）轨道基础控制网采用自由测站边角交会的方法测量，每个自由测站观测4对轨道基础控制网点控制点，测站间重复观测不应少于3对轨道基础控制网点控制点，每个轨道基础控制网点应有4个自由测站的方向和距离观测量，困难情况应保证有3个自由测站的方向和距离观测量。自由测站到轨道基础控制网点控制点最近距离不小于15m，最远距离不超过120m。构网形式如图3-1-4所示。

（2）外业数据采集时，应注意测站点号编辑输入，每个自由测站编号统一为6位，沿线路里程增加方向编号。具体规则为：C+×（上下行标识S或X）+××（里程整

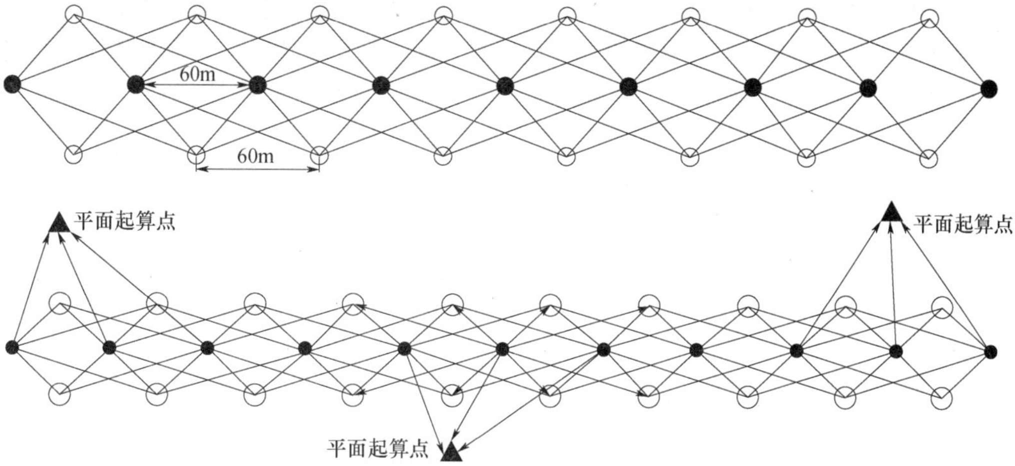

图 3-1-4　轨道基础控制网平面网测量示意图

千米数）＋ ××（该千米段序号）。

（3）轨道基础控制网平面测量水平方向应采用全圆方向观测法由全站仪自动进行观测，距离的观测与水平角观测同步进行。

（4）轨道基础控制网与线路控制网点（平面起算点）联测时，应至少通过两个或两个以上自由测站进行联测（一般开网和收网时平面起算点和 4 个自由测站进行联测，线路中间位置的上级控制点和 3 个自由测站进行联测）。

3. 轨道基础控制网高程测量精度

本测段轨道基础控制网高程测量宜采用水准测量的观测方法，测量仪器配置及精度见表 3-1-8、表 3-1-9。

表 3-1-8　高程测量观测方法

测量方法	线路长度（km）	水准仪等级	水准尺	观测次数
水准测量	≤3	DS1	铟瓦尺	单程（轨道基础控制点间） 往返（联测既有水准网点）

表 3-1-9　高程测量水准路线的精度要求

水准测量等级	每千米水准测量偶然中误差 M_Δ	每千米水准测量全中误差 M_W	限差			
			检测已测段高差之差	往返测不符值	附和或环线闭合差	左右线路高差不符值
精密水准	±2	±4	$\pm 8\sqrt{L}$	$\pm 8\sqrt{L}$	$\pm 8\sqrt{L}$	$\pm 6\sqrt{L}$

注：表中 L 为往返测段、附合或环线的水准路线长度，km；高程测量水准路线的精度单位要求，mm。

四、铺轨施工测量

根据设计单位提供的铺轨综合设计图，计算好所要放样的点位设计坐标，上报监理复核无误，再利用咨询单位评估通过后的轨道基础控制网点控制点成果测设铺轨控制基标。根据道床类型基标一般埋设在线路中线或线路侧。控制基标在直线段宜 120m 设置一个控制桩。曲线段除在曲线要素点上设置控制基标外，曲线要素点间距较大时还宜60m设置一个。道岔起止点、岔心点、变坡点及竖曲线起止点各设一个控制基标。线路中线控制基标（边桩）应稳固、不易破坏。加密基标直线段曲线段均按照5m进行设置。

加密基标测设及精度要求如下所述。

（1）加密基标材质及设置间距

本标段基标采用直径8mm、长度为40mm的内十字镀锌螺栓作为加密基标。加密基标纵向间距直线段和曲线段均5m布设，加密基标设置为边桩，边桩横向距离设计中线1.50m。

（2）直线段加密基标限差要求

纵向：相邻基标间纵向距离误差为±5mm。

横向：加密基标偏离两控制基标间的方向线距离为±2mm。

高程：相邻加密基标实测高差与设计高差较差应不大于1mm，每个加密基标的实测高程与设计高程较差应不大于2mm。

（3）曲线段加密基标限差要求

纵向：相邻基标间纵向距离误差为±5mm。

横向：加密基标相对于控制基标的横向偏差应为±2mm。

高程：相邻加密基标实测高差与设计高差较差应小于1mm，每个加密基标的实测高程与设计高程较差应小于2mm。其相关数据见表3-1-10。

表3-1-10　加密基标精度要求　　mm

直线地段相邻基标间纵向距离误差	直线地段加密基标偏离两控制基标方向线距离	直线地段加密基标高差与设计高差较差	直线地段实测高程与设计高程较差
±5	±2	<1	<2
曲线地段相邻加密基标间纵向距离误差	曲线地段加密基标相对于控制基标横向偏差	曲线地段相邻加密基标实测高差与设计高差较差	曲线地段相邻加密基标实测高程与设计高程较差
±5	±2	<1	<2

五、铺轨控制测量

铺轨控制测量使用轨道几何状态测量仪（轨检小车）对轨道进行精密测量。轨道精密测量前，采用传统基标测设方法对轨道进行粗调，将轨排中线、高程控制在±5mm以内，然后采用轨道基础控制网使用轨检小车进行轨道精调。

轨排精调流程如图3-1-5所示。

全站仪安置于线路中线附近，且位于控制点的中间，测站观测的控制点应不少于3对。更换测站后，相邻测站重叠观测的铺轨控制点应不少于1对。测站精度应符合表3-1-11。

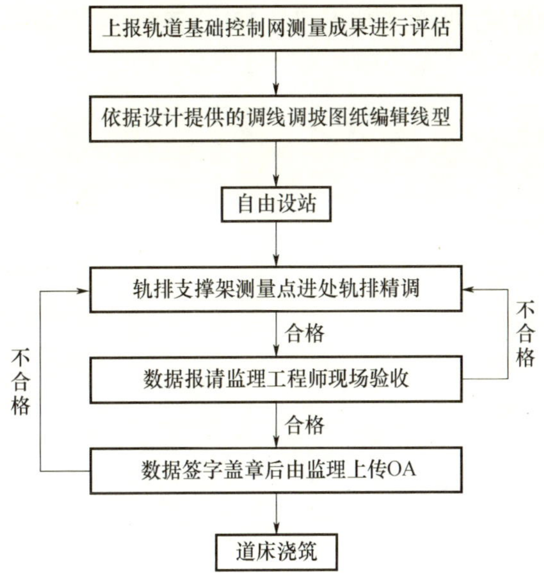

图 3-1-5　轨排精调流程

表 3-1-11　测站精度要求

项目	*X*	*Y*	*H*	方向
中误差	≤1mm	≤1mm	≤1mm	≤2″

测站设置完成后，应先对周围控制点进行检核测量。检核控制点的坐标不符值应满足下表的要求。当轨道基础控制网点控制点坐标 *X*、*Y*、*Z* 不符值大于表 3-1-12 的规定时，该点在全站仪内不应参与设站平差计算。每一测站参与平差计算的控制点为 8 个，但应不少于 4 个，且应分布在安装轨道范围。

表 3-1-12　控制点坐标不符值限差要求

项目	*X*	*Y*	*H*
控制点不符值限差	≤2mm	≤2mm	≤2mm

轨排精调后轨道几何尺寸允许偏差见表 3-1-13。

表 3-1-13　轨排精调施工作业标准

序号	项目	平顺度允许偏差	检测方法
1	轨距	±1mm	相对于 1435mm
		1/1000	变化率
2	轨向	2mm	10m 弦/30m 弦
3	高低	2mm	10m 弦/30m 弦
4	水平	±1mm	—
5	扭曲（6.25m 基长）	1mm	—
6	与设计高程偏差	±1mm	—
7	与设计中线偏差	±2mm	—

（1）最终精调和浇筑的时间差应不超过 12h，否则需要重新精调；气温迅速升高或降低 15°时，需要重新测量（图 3-1-6）。

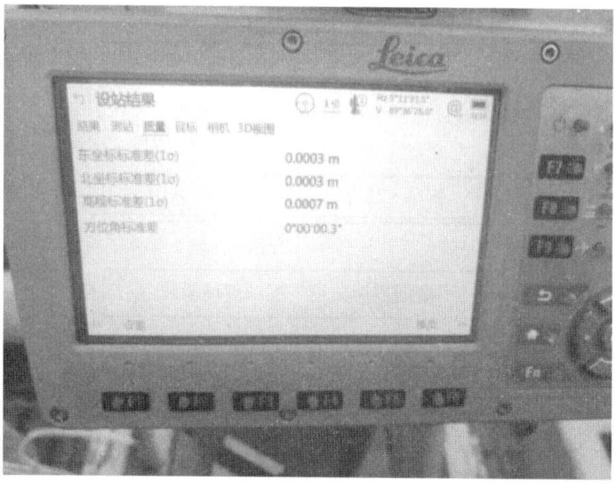

图 3-1-6　全站仪控制网设站精度

（2）浇筑混凝土之前任何人对轨排位置有任何疑问，应及时通知测量人员，必要时对轨道进行随机复测。

（3）浇筑前精调：逐一测量螺杆调节器处的轨道平面位置和高程偏差，调整到 1mm 以内，确认无误并自检合格后报监理工程师检查验收，合格后将报表上传监理工程师认可后方可浇筑混凝土。精调后轨排不能承受重载，避免轨排受到外力碰撞。轨排精调测量点位置以及轨排调整后，轨道中心线和轨顶面高程允许偏差，轨道平顺性均应符合表 3-1-13 的规定；轨道的平顺性应满足《地下铁道工程施工质量验收标准》（GB/T 50299—2018）的相应规定（图 3-1-7）。

图 3-1-7　浇筑前精调

（4）混凝土浇筑过程中注意不可碰撞钢轨，施工过程中随时检查轨道状态。在道床混凝土初凝后，在 24h 内完成对轨道几何状态进行数据采集复检（图 3-1-8）。

图 3-1-8　浇筑后复检

六、轨道基础控制网的复测

为保证轨道施工的精度，在施工过程中应定期对轨道基础控制网进行复测，复测周期宜不大于 3 个月一次，且在长轨精调等关键施工工序开始前均需对全线轨道基础控制网进行复测，复测的技术要求、精度指标和作业方法均应按照初次测量时的标准进行。如遇到平面、高程控制点破坏或不稳定时，应选用该点附近稳定的轨道基础控制点参与平差计算。

轨道基础控制点复测与原测成果的平面坐标较差应≤±3mm，且相邻点的复测与原测坐标增量 ΔX、ΔY 较差应≤±2mm。较差超限时应分析判断超限原因，确认复测成果无误后，应对超限的控制点采用同精度内插方式更新成果。

$$\Delta X_{ij}=(X_j-X_i)_{复}-(X_j-X_i)_{原}\qquad \Delta Y_{if}=(Y_j-Y_i)_{复}-(Y_j-Y_i)_{原}$$

轨道基础控制点复测与原测成果的高程较差应≤±3mm，且相邻点的复测高差与原测高差较差应≤±2mm。较差超限时应分析判断超限原因，确认复测成果无误后，应对超限的控制点采用同精度内插方式更新成果。

七、长轨精调

长轨焊接、打磨完毕，应力放散及锁定完成后，进行长轨精调工序。长轨精调即基于轨道基础控制网，采用轨检小车检测轨道几何状态，根据检测数据分析轨道平顺性并提供精确到每个扣件位置的调整量，进而指导外业轨道精调过程。数据采集时应逐个轨枕进行采集。

以线路设计文件为分析基准，计算每个检测点处实测值和设计值较差，输出轨道检测成果表。

通过长轨精调，能够对轨道进行更加精细化的调整，弥补前期工序的累计误差等各种因素对轨道平顺性造成的影响。因此长轨精调是实现高平顺性轨道建设的关键一环，具有不可替代的重要性。长轨精调采用的轨道平顺性指标见表 3-1-14。

表 3-1-14　长轨精调轨道平顺性允许偏差

序号	项目	平顺度允许偏差	检测方法
1	轨距	±2mm	相对于 1435mm
		1/1500	变化率
2	轨向	2mm	10m 弦/20m 弦
3	高低	2mm	10m 弦/20m 弦
4	水平（超高）	±2mm	相对设计值
5	扭曲（三角坑）	2mm	18m 基长
6	与设计高程偏差	±10mm	—
7	与设计中线偏差	±10mm	—

长轨精调工序：以线路设计文件为分析基准，计算每个检测点处（每个轨枕）实测值与设计值较差，输出轨道检测成果表和调整量计算表进行现场调整，根据轨道精密验收检测成果表，按照《地下铁道工程施工质量验收标准》（GB/T 50299—2018）中轨道竣工验收测量的限差要求，输出轨道检测综合评价表。

平顺性分析是轨道精调过程中的数据处理核心步骤，本着“先轨向，后轨距”“先高低，后水平”的原则进行调整。“先轨向，后轨距”，轨向的优化通过调整高轨的平面位置来实现，低轨的平面位置利用轨距及轨距变化率来控制；单独轨距超限只横向调整低轨即可；“先高低，后水平”，高低的优化通过调整低轨的高程来实现，高轨的高程利用超高和超高变化率（三角坑）来控制；单独水平超限只竖向调整高轨即可。平顺性分析后，输出轨道平顺性分析调整表，供现场轨道调整使用。现场调整完一段后使用轨检小车二次复推，对精调后的轨道进行再次检查，对不符合精度要求的部位再次进行平顺性分析，及时提供调整量表，直至轨道精调至合格。

八、轨道竣工测量

轨道竣工测量以轨道基础控制网（铺轨轨道基础控制网点网）为基准，采用轨道几何状态测量仪（轨检小车）进行测量。轨道竣工测量的内容包括轨道基础控制网的复测及轨道实体测量。轨道实体测量包含中线平面位置、轨面高程、轨距、水平、扭曲、左轨轨向、左轨高低、右轨轨向、右轨高低。轨道竣工测量的测量步长根据运营维护需要确定，测量步长宜不大于 1.8m（约间隔 3 根轨枕）。

轨道竣工测量及相关要求如下。

（1）轨道基础控制网的复测。轨道基础控制网的复测应按照本工程轨道基础控制网作业测设的相关要求对轨道基础控制网进行复测。复测完成后提供相应的复测成果（含电子版）。

（2）轨道检测作业前，将设计数据（平曲线、竖曲线、超高）输入测量控制软件，将检测控制网数据输入全站仪。在测控软件中进行正确的测量设置，高程以内轨为基准，平面位置外轨为基准等。

（3）检查轨道几何状态测量仪等仪器设备是否工作正常，检查检测控制网点是否受到破坏。对轨道几何状态测量仪进行重复性和结构性测试。重复性测试为同一个测量系统相同测量方向两次测量结果的比较，结构性测试为同一个测量系统不同测量方向（调转 180°，即正方向和负方向比较）两次测量结果的比较。

（4）将全站仪在靠近线路中心位置进行设站，后视轨道控制点，由机载软件解算出测站三维坐标。全站仪自由设站时，平差后东坐标、北坐标和高程的中误差应在 1mm 以内，方向的中误差应在 2″以内，否则应重新设站。

全站仪自由设站时，剔除不合格控制点时要慎重，优先剔除背离轨道几何状态测量仪所在一侧的控制点，最后要确保选用的控制点覆盖本测站的测量范围。高程不能只使用近处的 4 个控制点来控制，这容易造成目标距离较远的点的高程数据不可靠。

（5）每个测量区间全站仪自由设站时需要 8 个轨道基础控制网点控制点，下一区间设站时要包括 6 个（不少于 4 个）上一区间用到的控制点，以保证轨道线形的检测精度。

（6）设站完成后，轨道几何状态测量仪由人推着在轨道上缓慢移动，由远及近地靠向全站仪。轨道几何状态测量仪和全站仪的距离应控制在 70m 以内。

（7）全站仪搬站后前后两个测站需至少搭接 3 个检测点，搭接点限差 2mm。

（8）轨道测量数据采集完毕后，使用与轨道几何状态测量仪配套的软件系统，计算各轨道点的三维坐标，输出轨道位置、轨面高程、轨距、水平、轨向（长波和短波）高低（长波和短波）等几何参数。

轨道竣工测量完成后，报请监理、第三方检测单位、业主及相关单位进行轨道检测（图 3-1-9）。

图 3-1-9 轨道抽检

第二章　道床施工

第一节　U型槽碎石道床施工

1. 施工工艺流程

施工工艺流程如图 3-2-1 所示。

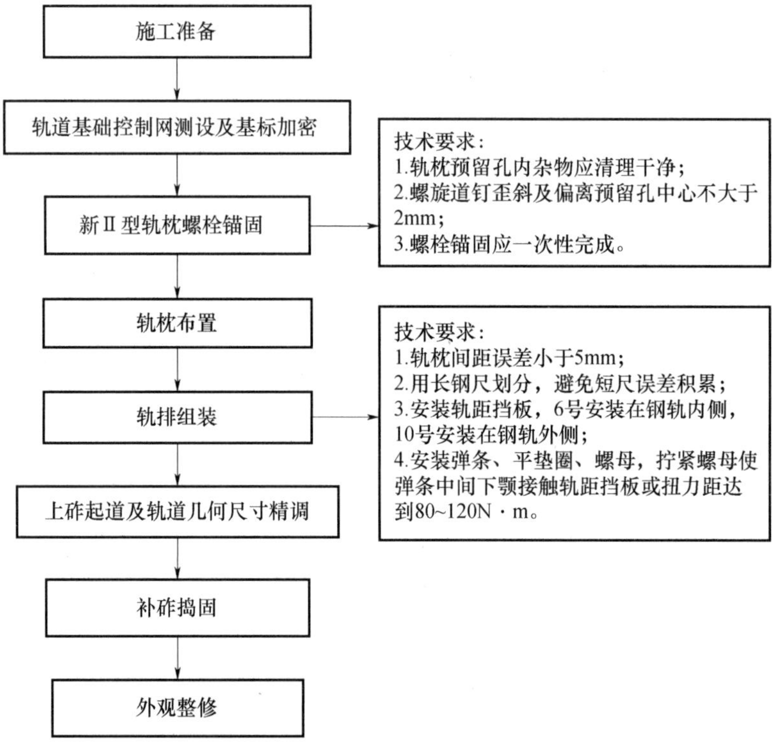

图 3-2-1　U 型槽碎石道床施工工艺流程

2. 材料要求

提前组织工程正式材料进场，如钢轨、新Ⅱ型枕、弹条Ⅰ型扣件及道砟，计划材料应满足工程所需，碎石道床所需工程材料一次性进场；物资部组织相关部门及专业监理工程师进行进场验收，并及时抽样送检满足应可投入工程使用。

3. 施工工艺操作

施工工艺操作见表 3-2-1。

表 3-2-1　施工工艺操作

施工顺序	1
工序名称	施工准备
施工照片	
施工质量标准	1. 验收依据 轨道设计图及《铁路轨道工程施工质量验收标准》(TB 10413—2018)。 2. 作业控制要点 (1) 工程材料的准备：提前组织工程正式材料进场，如钢轨、新Ⅱ型枕、弹条Ⅰ型扣件及道砟，计划材料应满足工程所需，碎石道床所需工程材料一次性进场；物资部组织相关部门及专业监理工程师进行进场验收，并及时抽样送检，保证满足工程使用。 (2) 施工计量仪器准备：提前对计量仪器委托具有相应资质的计量器具检测单位进行标定，例如：对测量仪器、轨距尺、拉拔仪等仪器进行检测，确保其精度满足施工要求，并报专业监理工程师验收报备。 (3) 组织现场调查和设计图纸会审，编写具有可行性的施工方案，并报监理工程师审批。 (4) 在开工前对进场的施工生产设备进行调试、检修，保证设备运行正常。 (5) 根据设计文件、技术资料编制轨节表，做好轨排拼装前的准备工作。 (6) 提前对全体施工人员进行方案及技术交底的培训、学习；确保每位施工人员熟悉方法、相关技术要求及标准等。 3. 验收标准 交底资料及工程技术资料准备齐全。 4. 注意事项 提前进入现场调查，随时跟进轨行区施工情况与土建单位沟通协商场地交接事宜，为铺轨创造好前提条件。

续表

施工顺序	2
工序名称	轨道基础控制网测设及基标加密
施工照片	
施工质量标准	1. 验收依据 (1)《地下铁道工程施工质量验收标准》(GB/T 50299—2018)。 (2)《城市轨道交通工程测量规范》(GB/T 50308—2017)。 2. 作业控制要点 (1) 对第三方测量单位移交提供的控制点成果进行复核，满足精度要求后布设轨道基础控制网点位并测量。 (2) 轨道基础控制网测量主要包括轨道基础控制网布点与埋设、轨道基础控制网平面测量和轨道基础控制网高程测量。轨道基础控制点按设计单位发布的限界图中控制点位置沿线路成对布设，直线段纵向间距布置为50～60m，曲线段纵向间距布置30～40m。 (3) 轨道基础控制网平面采用自由测站边角交会的方法测量，每个自由测站观测4对控制点，测站间重复观测3对控制点，每个控制点有4个自由测站的方向和距离观测量。轨道基础控制网高程测量利用平面测量的边角观测值，采用自由测站三角高程测量方法与平面测量合并进行。 3. 验收标准 (1) 控制基标控制网：方向中观测允许误差1.8″，距离观测中允许误差1mm，相邻点的相对中允许误差1mm。 (2) 加密基标：直线6m一个，曲线5m一个。精度应满足：方向允许误差为±1mm；高程为±2mm；直线段距离为±5mm，曲线段距离为±3mm。 4. 注意事项 (1) 轨道基础控制测设时，认真检查设备状况，确保设备状况良好，确保精度满足要求。 (2) 轨道基础控制点应设置在稳固、可靠、不易破坏和便于测量的地方，且轨道基础控制网测点位置及前后距离满足规范要求，避免因结构沉降或振动影响测量精度。

续表

施工顺序	3
工序名称	新Ⅱ型轨枕螺栓锚固
施工照片	
施工质量标准	1. 验收依据 《铁路轨道工程施工质量验收标准》（TB 10413—2018）。 2. 作业控制要点 （1）为了防止螺栓孔底漏浆，采用铁桶取适量的粗砂，用饮料瓶舀取砂子逐一灌入锚栓孔将孔底封死，砂子的填充高度以保证预留孔深大于等于160mm为宜。 （2）采用新Ⅱ型轨枕专业锚固剂一包倒入搅拌桶，量取一塑料杯水（为锚固剂重量的13%～14%），加入锚固剂拌和均匀，搅拌时间1～2min，观察砂浆搅拌均匀即可。 （3）将涂有绝缘漆的道钉从道钉孔上部顺螺纹旋转压入灌有锚固剂的孔正中，套入道钉定位板（或锚固架），使道钉定位，轻轻敲击道钉头部，使锚固剂振动密实，最后清理孔口多余的锚固剂，并抹平，灌浆深度应比螺旋道钉插入孔内的长度长20mm左右。 （4）螺旋道钉安装完毕，注意扶直插入螺栓，检查锚固支架是否存在位移等，插入螺栓时应扶住螺栓2～3s，以保证螺栓对中并避免回弹。 3. 验收标准 （1）将螺旋道钉顺锚固架左右垂直插入，与承轨槽面垂直，歪斜不得大于2°，且偏离预留孔中心不得大于2mm。 （2）螺旋道钉的抗拔力度不小于60kN。 （3）螺母拧紧后螺杆丝扣应高出螺母顶面5mm（2～3丝），拧紧螺栓力矩约为120N·m。 4. 注意事项： 道钉锚固剂不得受潮，受潮的锚固剂不得使用。

续表

<table>
<tr><td>施工顺序</td><td>4</td></tr>
<tr><td>工序名称</td><td>散布轨枕</td></tr>
<tr><td>施工照片</td><td></td></tr>
<tr><td>施工质量标准</td><td>1. 验收依据：
(1) 轨道设计施工图；
(2)《地下铁道工程施工质量验收标准》(GB/T 50299—2018)；
(3)《铁路轨道工程施工质量验收标准》(TB/T 10413—2018)。
2. 作业控制要点：
(1) 轨枕布置前利用吊车吊装过程中轨枕与轨枕之间采用方木或橡胶材料进行支垫，避免吊装过程中造成轨枕边缘破损，且每次轨枕吊装不得超过4层。
(2) 轨枕布置及倒运利用叉车配合人工布枕，应提前摆放方木进行支垫；利用叉车一层一层进行散布，严禁人为翻滚，避免轨枕造成破损。
(3) 轨枕布置过程中，人工进行分布调整，依据加密基标进行定位轨，采用弦线控制轨枕位置，直线段每弦不长于30m，曲线地段每弦不大于20m，避免轨枕布置平面位置偏差较远，造成二次返工或轨排组装完成后平面位置偏差较大，给后续施工增加施工难度。
(4) 轨枕布置过程中，轨枕中间部位严禁摆放任何杂物或工具，避免轨枕中间部位受力造成轨枕破损或开裂。
3. 验收标准
(1) 轨枕无破损或开裂。
(2) 锚固螺栓无损伤。
4. 注意事项
轨枕布置过程中，应保护好锚固螺栓，避免轨枕布置过程中造成锚固螺栓损坏。</td></tr>
</table>

续表

施工顺序	5
工序名称	轨排组装
施工照片	
施工质量标准	1. 验收依据： (1) 轨道设计施工图； (2)《铁路轨道工程施工质量验收标准》(TB 10413—2018)。 2. 作业控制要点 (1) 严格按照施工图纸及设计要求进行轨节表编制，轨枕间距采用大钢尺进行钢轨划分轨枕位置，避免积累误差。 (2) 钢轨安装应采用专业人工小吊配合，将钢轨倒运至吊落入枕木承轨槽。 (3) 轨下橡胶垫板安装需安装到位，且正好处于钢轨下方。 (4) 轨枕安装时，直线段两股钢轨的轨枕中心线应与线路中线垂直，曲线段应与线路中线的切线方向垂直，且相邻两钢轨接头位于两枕间。 (5) 钢轨间采用铁路专用鱼尾板接头夹板进行连接。 (6) 混凝土枕地段必须在螺旋道钉锚固后再连接钢轨，且轨距挡块及轨距挡座应安放正确。 3. 验收标准 (1) 轨枕间距±5mm；轨距±1mm，变化率不得大于1‰。 (2) 钢轨、枕木、扣件及其连接配件质量符合设计文件要求。 4. 注意事项 (1) 轨排拼装过程中应加强对锚固螺栓进行保护，避免破坏螺旋道钉丝扣。 (2) 轨下胶垫需安装到位，避免未落槽。 (3) 轨枕直线段需垂直于直股钢轨，曲线地段垂直于上股钢轨。

续表

<table>
<tr><td>施工顺序</td><td>6</td></tr>
<tr><td>工序名称</td><td>上砟起道及轨道几何尺寸精调</td></tr>
<tr><td>施工照片</td><td></td></tr>
<tr><td>施工质量标准</td><td>1. 验收依据
(1)《铁路轨道工程施工质量验收标准》(TB 10413—2018)。
(2)《地下铁道工程施工质量验收标准》(GB/T 50299—2018)。
2. 作业控制要点
(1) 根据加密基标将轨排起至设计高程后进行轨道粗调，线路粗调根据测设的线路基桩，用轨距尺、方尺、L 型尺、垂球等工具，按设计和规范要求调整轨道的轨距、水平、高程、方向等几何尺寸。
(2) 小车线型专人严格编制，多人复核，确保基础数据准确无误。
(3) 起道前需对 5 大桩位置检查，避免误差太大，导致曲线不正常。
(4) 在延长 18m 的距离范围内应无大于 1mm 三角坑。
3. 验收标准
(1) 轨道中心线位置允许误差　5mm
(2) 轨道方向允许误差　4mm (10m 弦长)
(3) 轨顶高低差允许误差　4mm (10m 弦长)
(4) 轨道高程允许误差　±5mm
(5) 轨距允许误差　+3～−2mm
4. 注意事项
起道过程中需低于设计标高低 50mm 控制，待方向整体到位后再查看高低，不足处再起道，起道后立即回填碎石，并捣固密实。</td></tr>
</table>

续表

施工顺序	7
工序名称	补砟捣固
施工照片	
施工质量标准	1. 验收依据 （1）轨道设计施工图； （2）《铁路轨道工程施工质量验收标准》（TB 10413—2018）。 2. 作业控制要点 （1）补砟时应采用标准大颗粒石砟进行补砟。 （2）捣固时采用四冲程大型捣固机配合小型捣固机捣固，并加强对轨枕底部捣固。 （3）捣固完成后配合载重轨道车进行压道，压道次数不少于30次，使线路存在的薄弱位置全部暴露，之后进行起道补砟整修。反复进行调整致使轨道几何尺寸满足要求，道砟密实度满足要求后，方可停止作业；确保整个线路安全通畅满足设计要求。 （4）补砟时采用人工倒运道砟，倒运过程中加强安全管理，避免发生危险事故。 3. 验收标准 （1）道砟密实度不得低于　1.6g/cm^3 （2）道砟顶面高程允许偏差　±20mm （3）道砟厚度允许偏差　±50mm （4）道砟半宽允许偏差　0～50mm 4. 注意事项 碎石道床捣固中及时补充道砟，并时刻检查轨道几何尺寸，避免道床轨道结构高度起高。

续表

<table>
<tr><td>施工顺序</td><td>8</td></tr>
<tr><td>工序名称</td><td>外观整修</td></tr>
<tr><td>施工照片</td><td></td></tr>
<tr><td>施工质量标准</td><td>1. 验收依据
(1) 轨道设计施工图；
(2)《铁路轨道工程施工质量验收标准》(TB 10413—2018)。
2. 作业控制要点
(1) 砟肩宽度从轨枕边向外 400mm，最高点高出轨枕顶面 150mm。
(2) 在外观整修时，应对碎石道床进行冲洗，保证无灰尘。
(3) 整修过程中缺少道砟的地方及时补充，砟肩高度应该位于一个水平面，平直度应沿轨道方向一致，外观整齐。
(4) 外观整修完成后禁止对砟肩胡乱踩踏造成破坏，导致外观不整齐，做好砟肩的成品保护工作。
3. 验收标准
(1) 道床厚度允许偏差　±50mm
(2) 砟肩宽度　+50～-20mm
(3) 砟肩堆高　不得有负误差
4. 注意事项
两线路中间单侧碎石应按照 1∶1.75 的坡度放坡，另一侧按照砟肩高度设平，补砟至挡砟墙。</td></tr>
</table>

4. 质量控制要点

(1) 工序中间交接时，必须有明确的质量合格交接意见，每个工班在进行工序施工时，都应当严格执行“三工序”制度，即检查上工序，做好本工序，服务下工序。

(2) 螺旋道钉锚固工序中，需确保螺旋道钉垂直，高度可控。

(3) 轨下胶垫需安装到位，避免出现未安装到位现象。

(4) 捣固时轨枕底部需加强捣固。

第二节 减振地段道床施工

1. 施工工艺流程

施工工艺流程如图 3-2-2 所示。

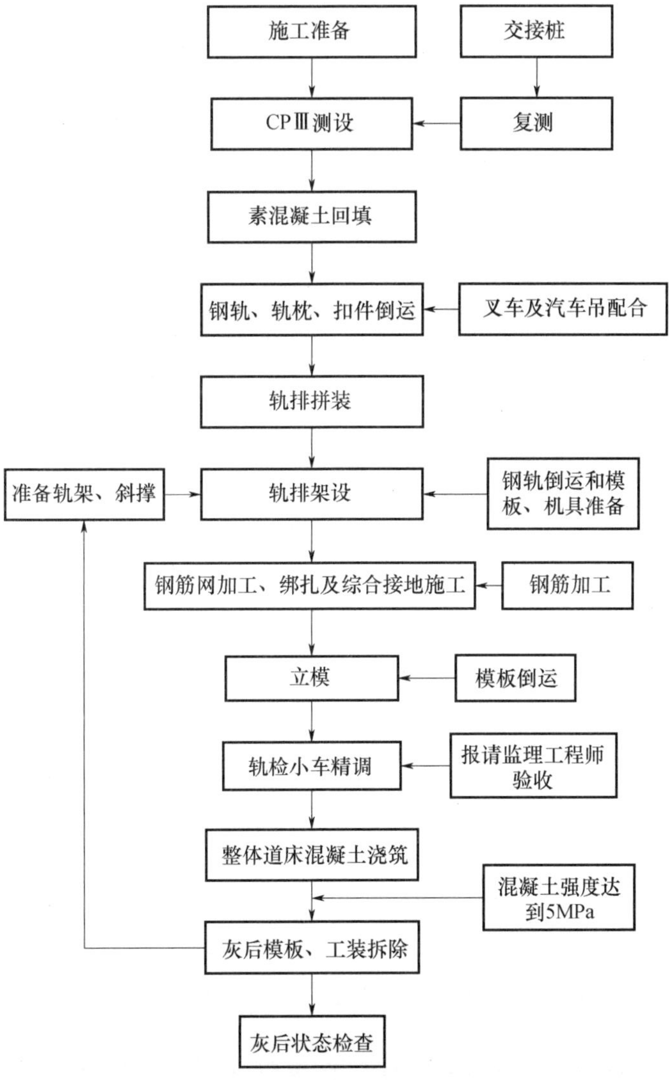

图 3-2-2 施工工艺流程

2. 材料要求

提前组织工程正式材料进场，如钢轨、轨枕及扣配件等，计划材料应满足工程所需，碎石道床所需工程材料一次性进场；物资部组织相关部门及专业监理工程师进行进场验收，并及时抽样送检保证满足工程使用。

3. 施工工艺操作

施工工艺操作见表 3-2-2。

表 3-2-2　施工工艺操作

<table>
<tr><td>施工顺序</td><td>1</td></tr>
<tr><td>工序名称</td><td>施工准备</td></tr>
<tr><td>施工照片</td><td></td></tr>
<tr><td>施工质量标准</td><td>1. 验收依据
轨道设计图及《铁路轨道工程施工质量验收标准》(TB 10413—2018)。
2. 作业控制要点
(1) 工程材料的准备：提前组织工程正式材料进场，如钢轨、新Ⅱ型枕、弹条Ⅰ型扣件及道砟，计划材料应满足工程所需，碎石道床所需工程材料一次性进场；物资部组织相关部门及专业监理工程师进行进场验收，并及时抽样送检保证满足工程使用。
(2) 施工计量仪器准备：提前对计量仪器委托具有相应资质的计量器具检测单位进行标定，例如：测量仪器、轨距尺、拉拔仪等仪器进行检测，确保其精度满足施工要求，并报专业监理工程师验收报备。
(3) 组织现场调查和设计图纸会审，编写具有可行性的施工方案，并报监理工程师审批。
(4) 根据设计文件、技术资料编制轨节表，做好轨排拼装前的准备工作。
(5) 与土建进行线路交接，进行复测形成交接记录。
3. 验收标准
(1) 钢轨、轨枕及扣配件符合设计要求，具有出厂合格证书。
(2) 预应力长轨枕及套管抗拔符合设计文件要求。
4. 注意事项
提前进入现场调查，随时跟进轨行区施工情况与土建单位沟通协商场地交接，为铺轨前创造好前提条件。施工前须检查隧道底板是否漏水，混凝土表面有无裂缝，盾构管片嵌缝处理是否完好，若发现问题要求土建单位进行处理；必要时向监理及业主汇报，联系隧道土建施工单位妥善解决。</td></tr>
</table>

续表

施工顺序	2
工序名称	轨道基础控制网测设及基标加密
施工照片	
施工质量标准	1. 验收依据 （1）《地下铁道工程施工质量验收标准》（GB/T 50299—2018）。 （2）《城市轨道交通工程测量规范》（GB/T 50308—2017）。 2. 作业控制要点 （1）对第三方测量单位移交提供的控制点成果进行复核，满足精度要求后布设轨道基础控制网点位并进行测量。 （2）轨道基础控制网测量主要包括轨道基础控制网布点与埋设、轨道基础控制网平面测量和轨道基础控制网高程测量。轨道基础控制点按设计单位发布的限界图中控制点位置沿线路成对布设，直线段纵向间距布置为 50～60m，曲线段纵向间距布置 30～40m。 （3）轨道基础控制网平面采用自由测站边角交会的方法测量，每个自由测站观测 4 对控制点，测站间重复观测 3 对控制点，每个控制点有 4 个自由测站的方向和距离观测量。轨道基础控制网高程测量利用平面测量的边角观测值，采用自由测站三角高程测量方法与平面测量合并进行。 3. 验收标准 （1）控制基标控制网： ① 方向中观测允许误差　1.8″ ② 距离观测中允许误差　1mm ③ 相邻点的相对中允许误差　1mm （2）加密基标：直线 6m 一个，曲线 5m 一个。精度应满足方向允许误差为±1mm；高程为±2mm；直线段距离为±5mm，曲线段距离为±3mm。 4. 注意事项 （1）轨道基础控制测设时，认真检查设备状况，确保设备状况良好，确保精度满足要求。 （2）轨道基础控制点应设置在稳固、可靠、不易破坏和便于测量的地方，且轨道基础控制网测点位置及前后距离满足规范要求，因结构沉降或震动影响测量精度。

续表

<table>
<tr><td>施工顺序</td><td>3</td></tr>
<tr><td>工序名称</td><td>素混凝土回填</td></tr>
<tr><td>施工照片</td><td></td></tr>
<tr><td>施工质量标准</td><td>1. 验收依据
轨道设计图及《铁路轨道工程施工质量验收标准》（TB 10413—2018）。
2. 作业控制要点
（1）基底素混凝土施工中采用C35混凝土回填，回填至轨面以下560mm处。
（2）基底混凝土回填前盾构基底应无垃圾、无积水、无油污，手孔内清理干净。
（3）基底伸缩缝应与道床伸缩缝对齐布置，浇筑过程中伸缩缝两边无高差。
（4）浇筑过程中要掌握好混凝土的振捣时机，不可早振、漏振和过振，插入式振捣棒的操作要点：直上直下，快插慢拔；插点要均匀，切勿露点插捣。振捣时间不少于30s并达到3个条件结束振捣。①混凝土表层开始泛浆；②不再冒泡；③混凝土表面不再下沉。
（5）基底混凝土浇筑完成后，对混凝土面进行拉毛处理，深度和宽度都为5mm，纵横距离不大于100mm，拉毛见新率不小于50%。
3. 验收标准
（1）基底标高允许误差　　　　－5～＋10mm
（2）平整度允许偏差　　　　5mm
4. 注意事项
（1）基底素混凝土回填，建议采用泵房法，一次性回填完成，每板块中不得出现接槎现象。
（2）基底施工完成后，应及时对回填层表面继续拉毛处理。
（3）混凝土强度达到设计要求的75%后再进行道床施工。</td></tr>
</table>

续表

<table>
<tr><td>施工顺序</td><td>4</td></tr>
<tr><td>工序名称</td><td>钢轨、轨枕、纵向钢筋及扣件倒运</td></tr>
<tr><td>施工照片</td><td></td></tr>
<tr><td>施工质量标准</td><td>1. 验收依据
轨道设计图及《铁路轨道工程施工质量验收标准》(TB 10413—2018)。
2. 作业控制要点
(1) 轨枕使用叉车倒运，轨枕数量严格按照设计文件要求进行进料，轨枕散布倒运轨枕时配套倒运对应扣件，尽量减少人工倒运扣件，倒运轨枕时注意查看两侧，保证轨枕完好无损不出现缺棱掉角现象。
(2) 钢轨倒运过程中采用叉车配合炮车轱辘倒运，严禁叉车拖拉，避免造成钢轨或主体结构伤损。
(3) 钢轨散布时，应严格依据轨节表中对应里程位置将钢轨倒运，钢轨倒运至施工区段内放置道床两侧挡墙位置。
(4) 下料时认真核算该施工区域所需物资，避免下料过多导致物资来回倒运及浪费及丢失。
3. 验收标准
(1) 钢轨、枕木、扣件及其连接配件质量符合设计文件要求。
(2) 轨枕表面不应有收缩及受力产生的裂纹。
4. 注意事项
(1) 钢轨倒运过程中采用炮车倒运，严禁叉车拖拉，避免钢轨划伤。
(2) 起重吊装时地面操作人员，应尽量避免在高空作业面的正下方停留或通过，也不得在起重机的起重臂或正在吊装的构件下停留或通过。</td></tr>
</table>

续表

施工顺序	5
工序名称	轨排拼装
施工照片	
施工质量标准	1. 验收依据 轨道设计图及《铁路轨道工程施工质量验收标准》（TB 10413—2018）。 2. 作业控制要点 （1）若遇各种预埋管线、排水横沟等情况时，轨枕铺设间距可在500～650mm之间做适当调整。 （2）严格按照图纸及设计要求进行轨节表编制。 （3）拼装轨排时应注意铁垫板三角符号应位于钢轨内侧，不得摆放错误。螺旋道钉应严格按照规范进行涂油，在复紧螺栓时保证扭力达标。 （4）用长钢尺划分轨枕位置，避免积累误差。 （5）轨枕安装时，直线段两股钢轨的轨枕中心线应与线路中线垂直，曲线段应与线路中线的切线方向垂直。 （6）轨排组装过程中，应严格按照设计图纸要求布设相应的扣配件。 3. 验收标准 （1）轨枕间距±5mm；轨距±1mm，变化率不得大于1‰。 （2）钢轨、轨枕、扣件及其连接配件质量符合设计文件要求。 4. 注意事项 （1）轨排组装过程中，需严格按照设计文件要求扣件类型进行安装，避免出现扣配件组装错误。 （2）轨排组装过程中，应注意扣配件正反方向，避免安装错误造成轨道几何尺寸存在误差。

续表

<table>
<tr><td>施工顺序</td><td>6</td></tr>
<tr><td>工序名称</td><td>轨排架设</td></tr>
<tr><td>施工照片</td><td></td></tr>
<tr><td>施工质量标准</td><td>1. 验收依据
《地下铁道工程施工质量验收标准》(GB/T 50299—2018)。
2. 作业控制要点
(1) 轨排拼装完成后进行轨排架设，直线地段每4对轨枕间设置1个轨架，曲线地段3根轨枕间设置1个轨架，直线段支撑架应垂直线路方向，曲线段支撑架应垂直线路的切线方向。并将各部螺栓拧紧，不得虚接。轨枕、支撑架如与预留管沟等重合时，前后适当调整，力求均匀。
(2) 严格核对高程资料，如有发现问题立即汇报，并及时进行复核确认无误后方可投入使用。
(3) 轨排架设时应注意与基标对照，且严格按照高程资料进行架设轨排。轨道粗调完成后方向、高低、水平应达到5mm以内，轨距控制在+2mm，−1mm。
(4) 每天使用前应对轨距尺及L尺进行校准核对，避免因计量器具存在误差造成返工。
3. 验收标准
(1) 轨距允许偏差　　+3～−2mm
(2) 轨道中心线位置允许误差　　5mm
(3) 轨道方向允许误差　　4mm (10m弦长检测)
(4) 轨顶高低差允许误差　　4mm (10m弦长检测)
(5) 轨道高程允许误差　　±5mm
4. 注意事项
注意检查轨排支撑架支腿外套PVC套管，确保混凝土浇筑后，支撑架支腿能从道床混凝土中取出。</td></tr>
</table>

续表

<table>
<tr><td>施工顺序</td><td>7</td></tr>
<tr><td>工序名称</td><td>钢筋加工</td></tr>
<tr><td>施工照片</td><td></td></tr>
<tr><td>施工质量标准</td><td>1. 验收依据
轨道设计图及《铁路混凝土工程施工质量验收标准》（TB 10424—2018）。
2. 作业控制要点
（1）对照蓝图按照设计要求仔细编制及审核钢筋用量表、钢筋加工图。
（2）钢筋使用前对弯曲的钢筋进行调直作业，由钢筋加工班按照设计要求和施工进度进行钢筋加工。
（3）钢筋加工时应注意合理进行钢筋尺寸配尺，尽量减少浪费。
（4）现场钢筋加工时需严格根据工程部提供的钢筋用量表、钢筋加工图、设计图纸及有关技术说明进行钢筋加工。
3. 验收标准
（1）受力钢筋顺长度方向的净尺寸允许偏差　±10mm
（2）弯起钢筋的弯折位置允许偏差　±20mm
（3）箍筋内净尺寸允许偏差　±3mm
4. 注意事项
（1）钢筋加工时，需对钢筋使用的规格、尺寸及使用地段进行分类、做好标识，防止现场施工钢筋拉乱、混用。
（2）钢筋原材必须经过专业监理工程进场验收后且第三方检测报告后，方可投入使用，在监理工程师验收第三方检测报告未出具前，严禁使用。</td></tr>
</table>

续表

施工顺序	8
工序名称	钢筋绑扎
施工照片	
施工质量标准	1. 验收依据 轨道设计图及《铁路混凝土工程施工质量验收标准》(TB 10424—2018)。 2. 作业控制要点 (1) 钢筋绑扎严格按照设计文件要求进行绑扎，曲线地段的箍筋按相应的曲线钢筋绑扎，绑扎后的钢筋骨架应为梯形。 (2) 钢筋的交叉点应用扎丝绑牢，以保证受力钢筋和弯起的位置准确以及钢筋间距的正确。 (3) 钢筋的绑扎应能保证钢筋网架的稳定，纵筋、横筋、立筋横平竖直。按设计要求及施工图纸布置钢筋网，做好钢筋的防迷流措施。 3. 验收标准 (1) 受力钢筋排距偏差　±5mm (2) 同一排中受力钢筋局部偏差　±20mm (3) 分布钢筋间距绑扎偏差　±20mm (4) 箍筋间距允许偏差　±10mm (5) 道床下层混凝土保护层厚度与设计偏差　0～+5mm (6) 道床上层与四周混凝土保护厚度与设计偏差　0～+10mm 4. 注意事项 (1) 类矩形隧道道床钢筋分为双层钢筋网片，应根据设计文件要求设置采用相应的钢筋规格型号，避免纵向钢筋使用错误。 (2) 纵向钢筋应在轨排拼装过程中提前穿入轨排孔。

续表

施工顺序	9
工序名称	杂散电流网焊接施工
施工照片	
施工质量标准	1. 验收依据 轨道设计图及《铁路混凝土工程施工质量验收标准》（TB 10424—2018）。 2. 作业控制要点 （1）应根据钢筋型号、直径、接头形式和焊接位置、选择焊条、焊接工艺。 （2）焊接时，引弧应在专用垫板、帮条或形成焊缝的部位进行，电流不宜过大以避免烧伤主筋。 （3）纵向钢筋焊接时，要求同一截面 0.5m 范围内不允许出现 50%以上的焊接接头。焊接及钢筋布置：注意相临两根钢筋焊接接头位置不允许在同一截面 0.5m 范围同时存在。焊接形式采用双面焊接。困难时，可采用单面焊，单面焊需满足规范要求。 （4）区间整体道床结构内每隔 5m 或小于 5m 将上下层横向钢筋与所交叉的所有纵向钢筋全部焊接，在每根钢轨正下方道床内上层钢筋中选取 2 根纵向钢筋与道床内所有横向钢筋交叉点进行焊接，作为道床排流网。 （5）排流端子焊接高度严格控制，伸缩缝两侧连接端子焊接需处于同一平面位置。 3. 验收标准 （1）钢筋焊接焊缝长度，双面焊应不小于钢筋直径的 6 倍，单面焊应不小于钢筋直径的 10 倍，焊缝高度不小于 6mm。 （2）埋入式端子距道床边沿的距离不小于 60mm。 （3）同一截面 0.5m 范围内不允许出现 50%以上的焊接接头。 4. 注意事项 （1）现场焊接施工过程中不得烧伤钢轨。 （2）电焊作业需持证上岗，非专业人员严禁作业。

续表

<table>
<tr><td>施工顺序</td><td>10</td></tr>
<tr><td>工序名称</td><td>模板安装</td></tr>
<tr><td>施工照片</td><td></td></tr>
<tr><td>施工质量标准</td><td>1. 验收依据
（1）轨道设计图及《铁路混凝土工程施工质量验收标准》（TB 10424—2018）。
（2）《地下铁道工程施工质量验收标准》（GB/T 50299—2018）。
2. 作业控制要点
（1）模板与混凝土的接触面必须清理干净并均匀涂刷脱模剂。
（2）模板安装稳固牢靠，接缝严密，不得漏浆，在浇注混凝土时，不跑模、胀模。
（3）模板安装完成后，应保证其在线路方向上平顺，接头处必须平整，不得有明显的错位、鼓包等。
（4）所有横向支撑设置位置需避开轨枕、钢轨架、钢轨。
（5）排流端子高度严格控制，伸缩缝两侧端子需焊接平齐。
（6）伸缩缝加固牢靠，水沟两侧与道床伸缩缝连通并处于一个断面。
3. 验收标准
（1）模板位置允许误差　5mm
（2）模板高度允许误差　±5mm
（3）模板平整度允许误差　5mm
（4）水沟位置允许误差　±10mm
（5）水沟宽度允许误差　±5mm
4. 注意事项
伸缩缝设置考虑到结构沉降缝的位置。若遇结构变形缝，道床板块设置应调整，伸缩缝应与结构缝对应设置。</td></tr>
</table>

续表

<table>
<tr><td>施工顺序</td><td>11</td></tr>
<tr><td>工序名称</td><td>轨检小车精调</td></tr>
<tr><td>施工照片</td><td></td></tr>
<tr><td>施工质量标准</td><td>1. 验收依据
《地下铁道工程施工质量验收标准》(GB/T 50299—2018)。
2. 作业控制要点
(1) 小车线型数据专人严格按照轨道标高调线调坡图进行编制，多人复核。
(2) 精调过程中使用现场轨道尺寸检验专用工具对照加密基标、控制基标进行检查。如发现问题立即查明原因或上报，及时处理。
(3) 在延长 18m 的距离范围内应无大于 1mm 三角坑。
(4) 采集数据完成后，每根斜撑必须严格检查是否安装牢固。
3. 验收标准
(1) 轨道中心线位置允许误差 5mm
(2) 轨道方向允许误差 ±1mm
(3) 轨顶高低差允许误差 ±1mm
(4) 轨道高程允许误差 ±5mm
(5) 轨距允许误差 +2～−1mm
4. 注意事项
超高设计设置：类矩形隧道地段采用内轨降低超高值的一半、外轨抬高超高值的一半的办法设置（即半超高)；区间最大超高 120mm，车站有效站台范围最大超高 15mm；曲线超高在缓和曲线内递减，无缓和曲线时，在直线地段递减；超高顺坡率不宜大于 2‰，困难地段应不大于 2.5‰。</td></tr>
</table>

续表

<table>
<tr><td>施工顺序</td><td>12</td></tr>
<tr><td>工序名称</td><td>整体道床混凝土浇筑</td></tr>
<tr><td>施工照片</td><td></td></tr>
<tr><td>施工质量标准</td><td>1. 验收依据
《铁路混凝土工程施工质量验收标准》(TB 10424—2018)。
2. 作业控制要点
(1) 在混凝土浇筑过程中，应及时检查轨道的几何状态、模板及支架的情况。
(2) 混凝土浇筑时应使混凝土自轨枕一侧向另外一侧自然流动，待混凝土充填轨枕底部振捣密实后，方可向前继续浇筑。
(3) 在混凝土浇筑过程中要掌握好混凝土的振捣时机，不可早振、漏振和过振，插入式振捣棒的操作要点是：直上直下，快插慢拔；插点要均匀，切漏漏点插捣。振捣时间不少于30s并达到3个条件的结束振捣：①混凝土表层开始泛浆；②不再冒泡；③混凝土表面不再下沉。
(4) 混凝土结构表面应密实平整、颜色均匀，不得有漏筋、蜂窝、孔洞、疏松、麻面和缺棱掉角等缺陷。
(5) 水沟两侧道床表面设3%横向排水坡，道床中间800mm采用平坡。
3. 验收标准
(1) 道床轴线位置允许偏差　　10mm
(2) 蜂窝允许偏差　　长度不大于80mm，深度不大于8mm
(3) 高程允许偏差　　±10mm
4. 注意事项
随时调查前方未施工区域有无土建预留沉降缝，如有，应在道床对应位置设置伸缩缝。</td></tr>
</table>

续表

施工顺序	13
工序名称	灰后模板、工装拆除
施工照片	
施工质量标准	1. 验收依据： (1)《铁路混凝土工程施工质量验收标准》(TB 10424—2018)。 (2)《地下铁道工程施工质量验收标准》(GB/T 50299—2018)。 2. 作业控制要点 (1) 当混凝土强度达到5MPa（24h后）时，方准拆除钢轨支撑架及模板。 (2) 模板、工装拆除时应注意方式方法，严禁对道床边角造成破损或对表面造成划痕、损伤。 (3) 工装拆除完成后及时对工艺孔进行修补。 (4) 模板工装拆除完成后需将混凝土清理干净，避免清理到未浇筑道床。 (5) 工装拆除后，需对工装配件及螺栓安装到位，避免丢失。 3. 验收标准 (1) 缺棱掉角允许偏差　　最大投影尺寸≤30mm (2) 弯曲　　3mm/m (3) 漏筋　　不允许 4. 注意事项 日常工作中检查前一次成品道床上丝杠是否全部取出，如有发现未取出的立即上报处理，避免影响轨道车正常运行。

续表

施工顺序	14
工序名称	灰后状态检查
施工照片	
施工质量标准	1. 验收依据 (1)《铁路混凝土工程施工质量验收标准》(TB 10424—2018)。 (2)《地下铁道工程施工质量验收标准》(GB/T 50299—2018)。 2. 作业控制要点 (1) 混凝土强度应符合设计规定，并应无蜂窝、麻面和漏振。 (2) 表面清洁、平整，变形缝直顺。 (3) 轨道扣件、接头夹板螺栓应拧紧并涂油。 (4) 直线和曲线段两股钢轨标高误差均应不大于1mm。在延长18m距离内，不得有超过1mm的三角坑。 3. 验收标准 (1) 轨道中心线位置允许误差　5mm (2) 轨道方向允许误差　±1mm (3) 轨顶高低差允许误差　±1mm (4) 轨道高程允许误差　±5mm (5) 轨距允许误差　+2～−1mm 4. 注意事项 扣件恢复后需检查轨下垫板、轨距块及配件需安装到位。

4. 质量控制要点

（1）混凝土采用插入式振捣器振捣，应振捣密实，并应无蜂窝、麻面和漏振。

（2）整体道床混凝土终凝后及时进行养护，其强度达到5MPa时方可拆除支撑架，混凝土强度未达到设计强度75%时，道床上不得行驶车辆和承重。

（3）轨道基础控制点应设置在稳固、可靠、不易破坏和便于测量的地方，并应防冻、防沉降、防振动和抗移动。

（4）严格按照图纸尺寸及规格，加工及绑扎钢筋。

第三节　高架线道岔施工

1. 施工工艺流程

施工工艺流程如图3-2-3所示。

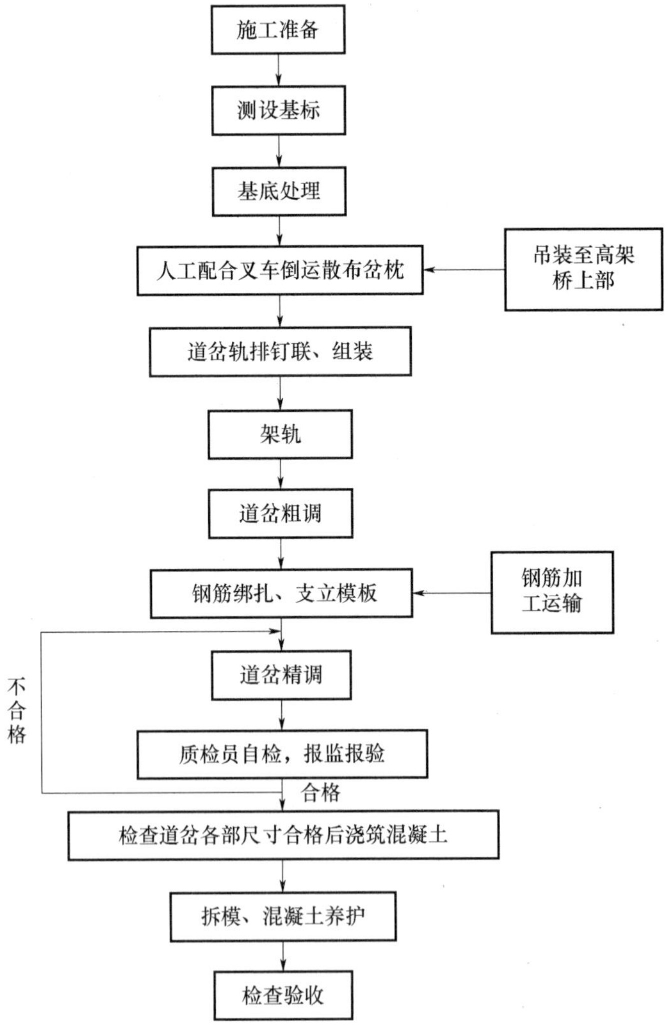

图3-2-3　施工工艺流程

2. 材料要求

提前组织工程正式材料进场，按照工程部提供道岔数量及类型，提前联系厂家生产，进场后或使用前应进行试拼；同时对其他工程材料进行抽样检测并上报监理工程师验收，满足施工需求；物资部继续组织其他材料进场，保证工程施工连续性。

3. 施工工艺操作

施工工艺操作见表 3-2-3。

表 3-2-3　施工工艺操作

施工顺序	1
工序名称	基底清理、凿毛
施工照片	
施工质量标准	1. 验收依据 设计文件及施工蓝图中相关要求。 2. 作业控制要点 （1）凿毛时需注意测量放置的控制钢筋，避免破坏。 （2）凿毛的深度、间距、凿毛见新率应均等。 （3）凿毛后应采用高压水枪或高压风对梁面进行清理，将混凝土碎片、浮尘等清理干净。 3. 验收标准 （1）凿毛的深度 1.8～2.2mm。 （2）凿毛见新率应在 50%以上。 4. 注意事项 （1）风镐或电镐操作时，不可将凿嘴对着人，因冲头可能会飞出而导致严重人身伤害。 （2）凿毛过程中注意对电缆和风管的保护，防止凿破，从而造成意外伤害。 （3）凿毛过程中，施工转移时，应同步移动电箱，严禁直接拖拉电缆线。

续表

施工顺序	2
工序名称	吊装岔料
施工照片	
施工质量标准	1. 验收依据 设计文件及施工方案中相关要求。 2. 作业控制要点 （1）吊装前，必须进行吊装作业安全交底及现场交底，要求所有工作人员应充分了解所吊装工作的内容。 （2）对吊装现场的场地进行平整压实。 （3）根据所吊构件的形式和重量确定使用的吊装方案。 （4）吊装过程中指挥人员应配备对讲机或彩旗、哨子等，必须由专人进行司索指挥。 （5）在起吊时，构件应绑扎牢固，起吊前必须进行试吊，吊装过程中速度要均匀、平稳。构件下放时，必须低速轻放，禁止忽快忽慢和突然制动。 3. 验收标准 严格执行“十不吊”。 4. 注意事项 吊装工作开始前，应对起重运输和吊装设备以及所用索具、卡环、夹具、卡具、锚碇等的规格、技术性能进行细致检查或试验，发现有损坏或松动现象，应立即调换或修好。发现转动不灵活或有磨损的应及时修理；重要构件吊装前应进行试吊，经检查各部位正常后方可进行正式吊装。

续表

施工顺序	3
工序名称	人工散布岔枕
施工照片	
施工质量标准	1. 验收依据 (1)《高架线单开道岔铺设图》。 (2)《高架线交叉渡线铺设图》。 (3)《铁路轨道工程施工质量验收标准》(TB 10413—2018)。 2. 作业控制要点 (1) 根据岔头、岔尾的控制基标及加密基标，确定道岔位置，根据图纸推算出岔枕位置，后进行散布枕木。 (2) 应根据岔枕一端顶面标注的岔枕号，对照道岔铺设图岔枕号逐根布置，岔枕有编号的一端与道岔直股方向一致。 (3) 布置过程中严禁用棍棒插入道钉孔内拨动岔枕，禁止将岔枕放在地面有鼓包部位，防止轨枕破坏。 3. 验收标准 (1) 岔枕边角无破损情况。 (2) 岔枕带有编号一侧均放于直股一侧。 4. 注意事项 注意在布枕时需加强成品保护意识，避免对轨枕造成损伤。

续表

施工顺序	4
工序名称	道岔轨排定联、组装
施工照片	
施工质量标准	1. 验收依据 （1）《高架线单开道岔铺设图》。 （2）《高架线交叉渡线铺设图》。 （3）《铁路轨道工程施工质量验收标准》（TB 10413—2018）。 2. 作业控制要点 （1）熟悉图纸，现场严格按照施工图纸进行拼装。 （2）联轨、架轨所有鱼尾螺栓、各部连接零件螺栓均应拧紧，扭力矩一次达标。 （3）上铁垫板时，由专人负责对安装铁垫板位置、型号进行检查，应至少检查三遍。 （4）岔轨用鱼尾板连接时要严格控制轨缝 8mm。 （5）将道岔抬起至设计标高后，将一根混凝土长枕放置铁垫板下方，在将涂满黄油的底脚螺栓旋入尼龙套管，再用电动扳手拧紧螺栓。 （6）组装前调整岔前两股钢轨方正，轨枕安装时按照要求严格施工，允许偏差为±5mm。 3. 验收标准 （1）岔前方正允许误差　±10mm （2）尖轨尖端方正允许误差　±10mm （3）框架尺寸允许偏差　±1mm 4. 注意事项 道岔组装需注意岔前岔后顺坡垫板、过渡垫板安装。

续表

施工顺序	5
工序名称	架设轨排、道岔粗调
施工照片	
施工质量标准	1. 验收依据 (1)《高架线单开道岔铺设图》; (2)《高架线交叉渡线铺设图》; (3)《铁路轨道工程施工质量验收标准》(TB 10413—2018)。 2. 作业控制要点 (1) 架设道岔时，首先根据道岔整体道床板块划分及支距点位特殊位置，提前避让进行布置道岔工装。 (2) 散布钢轨支撑架时，应在顺坡终点，尖轨尖端，尖轨部分前、中、后，导曲线部分前、中、后，辙叉部分前、中、后设置钢轨支撑架。 (3) 安装钢轨支撑架时，左右位置必须适中，道岔直线部分支撑架要垂直线路中心线方向，曲线部分支撑架要垂直切线方向，不得歪斜。 (4) 钢轨支撑架各处螺栓、丝杠必须拧紧，不得虚接。 (5) 顶升时，要做到“步步为营”，前后顶升要均匀，直至顶升至设计高度。 (6) 起道完成后，严格按照图纸尺寸进行粗调。 3. 验收标准 (1) 岔前方正允许误差 ±10mm (2) 尖轨尖端方正允许误差 ±10mm (3) 导曲线支距点允许误差 ±1mm (4) 查照间隔和护背距离允许误差 +2～−1mm (5) 轨距允许偏差 +3～−2mm (6) 框架尺寸允许偏差 ±1mm 4. 注意事项 粗调完成后需将各部连接零件螺栓上紧，扭力矩达标。

续表

<table>
<tr><td>施工顺序</td><td>6</td></tr>
<tr><td>工序名称</td><td>钢筋加工</td></tr>
<tr><td>施工照片</td><td></td></tr>
<tr><td>施工质量标准</td><td>1. 验收依据
(1)《铁路混凝土工程施工质量验收标准》(TB 10424—2018)。
(2)《高架线单开道岔地段整体道床图》。
(3)《铁路轨道工程施工质量验收标准》(TB 10413—2018)。
(4)《高架线交叉渡线整体道床图》。
2. 作业控制要点
(1) 对照蓝图按照设计要求仔细编制及审核钢筋用量表、钢筋加工图。
(2) 钢筋使用前对弯曲的钢筋进行调直作业，由钢筋加工班按照设计要求和施工进度进行钢筋加工。
(3) 钢筋加工时应注意合理进行钢筋尺寸配尺，尽量减少浪费。
(4) 现场钢筋加工时需严格根据工程部提供的钢筋用量表、钢筋加工图、设计图纸及有关技术说明进行钢筋加工。
3. 验收标准
(1) 受力钢筋顺长度方向的净尺寸允许偏差 ±10mm
(2) 弯起钢筋的弯折位置允许偏差 ±20mm
(3) 箍筋内净尺寸允许偏差 ±3mm
4. 注意事项
钢筋加工时，需对钢筋使用的规格、尺寸及使用地段进行分类、做好标识，防止现场施工钢筋拉乱、混用。</td></tr>
</table>

续表

<table>
<tr><td>施工顺序</td><td>7</td></tr>
<tr><td>工序名称</td><td>钢筋绑扎</td></tr>
<tr><td>施工照片</td><td></td></tr>
<tr><td>施工质量标准</td><td>1. 验收依据：
(1)《高架线单开道岔地段整体道床图》。
(2)《高架线交叉渡线整体道床图》。
(3)《铁路轨道工程施工质量验收标准》(TB 10413—2018)。
2. 作业控制要点
(1) 曲线上的箍筋按相应的曲线钢筋绑扎，绑扎后的钢筋骨架应为梯形。
(2) 钢筋的交叉应用扎丝绑牢，以保证受力钢筋和弯起的位置准确以及钢筋间距的正确。
(3) 钢筋的绑扎应能保证钢筋网架的稳定，纵筋、横筋、立筋横平竖直。按设计要求及施工图纸布置钢筋网，做好钢筋的防窜措施。
3. 验收标准
(1) 受力钢筋排距偏差 ±5mm
(2) 同一排中受力钢筋局部偏差 ±20mm
(3) 分布钢筋间距绑扎偏差 ±20mm
(4) 箍筋间距允许偏差 ±10mm
(5) 道床下层混凝土保护层厚度与设计偏差 0～+5mm
(6) 道床上层与四周混凝土保护厚度与设计偏差 0～+10mm
4. 注意事项
钢筋绑扎完成后、钢筋焊接之前及时调整钢筋两侧保护层厚度。</td></tr>
</table>

续表

<table>
<tr><td>施工顺序</td><td>8</td></tr>
<tr><td>工序名称</td><td>钢筋焊接</td></tr>
<tr><td>施工照片</td><td></td></tr>
<tr><td>施工质量标准</td><td>1. 验收依据
(1)《地铁杂散电流腐蚀防护技术规程》(GB 50490—2009)。
(2)《高架线单开道岔地段整体道床图》。
2. 作业控制要点
(1) 应根据钢筋型号、直径、接头形式和焊接位置、选择焊条、焊接工艺和焊接参数。
(2) 焊接时，引弧应在垫板或形成焊缝的部位进行，电流不易过大烧伤主筋。
(3) 纵向钢筋焊接时，要求同一截面 0.5m 范围内不允许出现 50%以上的焊接接头。焊接及钢筋布置：注意相临两根钢筋焊接接头位置不允许在同一截面 0.5m 范围同时存在。焊接形式采用双面焊接。困难时，可采用单面焊，搭接长度需满足规范要求。
(4) 在每根钢轨正下方道床内上部表层钢筋中选取 2 根纵向钢筋与轨道内上部表层横向钢筋焊接，作为道床排流条。
(5) 排流端子高度严格控制，伸缩缝两侧端子需焊接于一个平面内。
3. 验收标准
(1) 钢筋焊接焊缝长度，双面焊不应小于钢筋直径的 6 倍，单面焊不应小于钢筋直径的12 倍，焊缝高度不小于 6mm。
(2) 埋入式端子距道床边沿的距离不小于 60mm。
(3) 同一截面 0.5m 范围内不允许出现 50%以上的焊接接头。
4. 注意事项
现场焊机施工过程中不得烧伤钢轨。</td></tr>
</table>

续表

施工顺序	9
工序名称	支立模板
施工照片	
施工质量标准	1. 验收依据 (1)《铁路混凝土工程施工质量验收标准》(TB 10424—2018)。 (2)《高架线单开道岔地段整体道床图》。 2. 作业控制要点 (1) 道床块两侧采用为 0.35m×3m 铝合金模，严格按照道床图纸尺寸架设模板。 (2) 模板安装要做到线型直顺，加固牢靠，确保整体道床混凝土施工过程中不跑模、不变形，道床外观质量直顺、满足要求，并涂刷脱模剂或清油。 (3) 所有横向支撑设置位置需避开轨枕、钢轨架、钢轨。 (4) 模板安装后，中间支撑模板应统一采用 60mm 宽方面支撑，且支撑点位不得少于 6 处，方木应支撑至板缝底部。 (5) 模板安装完毕后，对道床板缝模板进行校正，板缝模板宽度应统一按照 10cm 控制，上部采用 10cm U 形钢筋卡控制。 3. 验收标准 (1) 模板位置允许误差　　5mm (2) 模板高度允许误差　　±5mm (3) 模板平整度允许误差　　5mm 4. 注意事项 模板不直顺部位采用钢筋头与道床板主筋进行焊接支撑，避免模板出现扭曲歪斜现象。

续表

施工顺序	10
工序名称	道岔精调
施工照片	
施工质量标准	1. 验收依据 (1)《高架线单开道岔铺设图》。 (2)《高架线交叉渡线铺设图》。 (3)《铁路轨道工程施工质量验收标准》(TB 10413—2018)。 2. 作业控制要点 (1) 先调水平，后调轨距。 (2) 精调过程中使用现场轨道尺寸检验专用工具进行与加密基标、控制基标对照检查。如发现问题立即查明原因或上报，及时处理。 (3) 采集数据完成后，每根斜撑必须严格检查是否安装牢固，曲线下股斜撑必须加密。 (4) 在延长 18m 的距离范围内应无大于 1mm 三角坑。 3. 验收标准 (1) 轨道方向允许误差 ±2mm (2) 轨顶高低差允许误差 ±2mm (3) 导曲线支距点允许误差 ±1mm (4) 查照间隔和护背距离允许误差 +2～－1mm (5) 轨距允许偏差 +3～－2mm (6) 框架尺寸允许偏差 ±1mm 4. 注意事项 精调完成后加强现场防护，严禁对已精调完部位造成破坏。

续表

<table>
<tr><td>施工顺序</td><td>11</td></tr>
<tr><td>工序名称</td><td>质检员自检、报检</td></tr>
<tr><td>施工照片</td><td></td></tr>
<tr><td>施工质量标准</td><td>1. 验收依据
(1)《高架线单开道岔铺设图》。
(2)《高架线交叉渡线铺设图》。
(3)《铁路轨道工程施工质量验收标准》(TB 10413—2018)。
2. 作业控制要点
(1) 现场检查需认真仔细，对检查发现问题进行及时整改。
(2) 现场自检完成后留存原始资料，后通知监理工程师进行报验。
3. 验收标准
(1) 轨道方向允许误差 ±2mm
(2) 轨顶高低差允许误差 ±2mm
(3) 导曲线支距点允许误差 ±1mm
(4) 查照间隔和护背距离允许误差 +2～−1mm
(5) 轨距允许偏差 +3～−2mm
(6) 框架尺寸允许偏差 ±1mm
(7) 岔前方正允许误差 ±10mm
(8) 尖轨尖端方正允许误差 ±10mm
4. 注意事项
检查完成后原始资料及时存档，避免丢失。</td></tr>
</table>

续表

<table>
<tr><td>施工顺序</td><td>12</td></tr>
<tr><td>工序名称</td><td>复检道岔几何尺寸</td></tr>
<tr><td>施工照片</td><td></td></tr>
<tr><td>施工质量标准</td><td>1. 验收依据
(1)《高架线单开道岔铺设图》;
(2)《高架线交叉渡线铺设图》;
(3)《铁路轨道工程施工质量验收标准》(TB 10413—2018)。
2. 作业控制要点
(1) 复查过程中严禁触碰工装。
(2) 复查中严格按照实测数据进行记录。
(3) 复查完成后,如尺寸均符合验收要求方可进行下道工序,如存在不符合现象则返回上道工序,进行重新精调。
3. 验收标准
(1) 轨道方向允许误差 ±2mm
(2) 轨顶高低差允许误差 ±2mm
(3) 导曲线支距点允许误差 ±1mm
(4) 查照间隔和护背距离允许误差 +2~−1mm
(5) 轨距允许偏差 +3~−2mm
(6) 框架尺寸允许偏差 ±1mm
(7) 岔前方正允许误差 ±10mm
(8) 尖轨尖端方正允许误差 ±10mm
4. 注意事项
轨道尺寸如存在问题返回上道工序后,在上道工序完成后需重新通知监理工程师报验。</td></tr>
</table>

续表

<table>
<tr><td>施工顺序</td><td>13</td></tr>
<tr><td>工序名称</td><td>浇筑混凝土</td></tr>
<tr><td>施工照片</td><td></td></tr>
<tr><td>施工质量标准</td><td>1. 验收依据
(1)《铁路混凝土工程施工质量验收标准》(TB 10424—2018)。
(2)《高架线单开道岔地段整体道床图》。
2. 作业控制要点
(1) 在混凝土浇筑过程中，应及时检查轨道的几何状态、模板及支架的情况。
(2) 混凝土浇筑时应使混凝土自轨枕一侧向另外一侧自然流动，待混凝土充填轨枕底部振捣密实后，方可向前继续浇筑。
(3) 在混凝土的浇筑过程中要掌握好混凝土的振捣时机，不可早振、漏振和过振，插入式振动棒的操作要点：直上直下，快插慢拔；插点要均匀，切勿漏点插捣。振捣时间不少于 30s 并达到 3 个条件结束振捣：①混凝土表层开始泛浆；②不再冒泡；③混凝土表面不再下沉。
(4) 混凝土结构表面应密实平整、颜色均匀，不得有漏筋、蜂窝、孔洞、疏松、麻面和缺棱掉角等缺陷。
(5) 道床表面设置人字坡，坡度为≥1%。
3. 验收标准
(1) 道床轴线位置允许偏差　　10mm
(2) 蜂窝允许偏差　　长度不大于 80mm，深度不大于 8mm
(3) 高程允许偏差　　±10mm
4. 注意事项
混凝土应在初凝前浇筑，浇筑前不得有初凝现象。</td></tr>
</table>

续表

<table>
<tr><td>施工顺序</td><td>14</td></tr>
<tr><td>工序名称</td><td>拆模、混凝土养护</td></tr>
<tr><td>施工照片</td><td></td></tr>
<tr><td>施工质量标准</td><td>1. 验收依据
(1)《铁路混凝土工程施工质量验收标准》(TB 10424—2018)。
(2)《铁路轨道工程施工质量验收标准》(TB 10413—2018)。
2. 作业控制要点
(1) 当混凝土强度达到5MPa时，方准拆除钢轨支撑架及模板。
(2) 模板、工装拆除时应注意方式方法，严禁对道床边角造成破损或对表面造成划痕、损伤。
(3) 工装拆除完成后及时对工艺孔进行修补。
(4) 模板工装拆除完成后需将混凝土清理干净，避免清理到未浇筑道床内。
(5) 工装拆除后，需对工装配件及螺栓安装到位，避免丢失。
(6) 养护前将道床清理干净，采用的养护棉需对道床全面覆盖。
(7) 养护过程中，因天气原因需定时进行洒水，需保持养护棉处于湿润状态。
(8) 养护时间至少7d。
3. 验收标准
(1) 缺棱掉角允许偏差　最大投影尺寸≤30mm
(2) 弯曲允许偏差　3mm/m
(3) 漏筋　不允许
4. 注意事项
养护时及时将道床缺棱掉角位置修补。</td></tr>
</table>

4. 质量控制要点

（1）施工前反复核对道岔位置基标，避免拼装位置出错。

（2）在道岔拼装过程中严格控制轨枕间距，按照拼装图采用30m长尺进行画线布枕。

（3）混凝土收面过程中严格按照图纸进行排水坡度控制，不得岔心内部积水。

（4）注意在布枕时需加强成品保护意识，避免对轨枕造成损伤。

（5）组装前调整岔前两股钢轨方正，轨枕安装时按照要求严格方正其允许偏差为±5mm。

第四节　高架线橡胶弹簧浮置板道床施工

1. 施工工艺流程

施工工艺流程如图3-2-4所示。

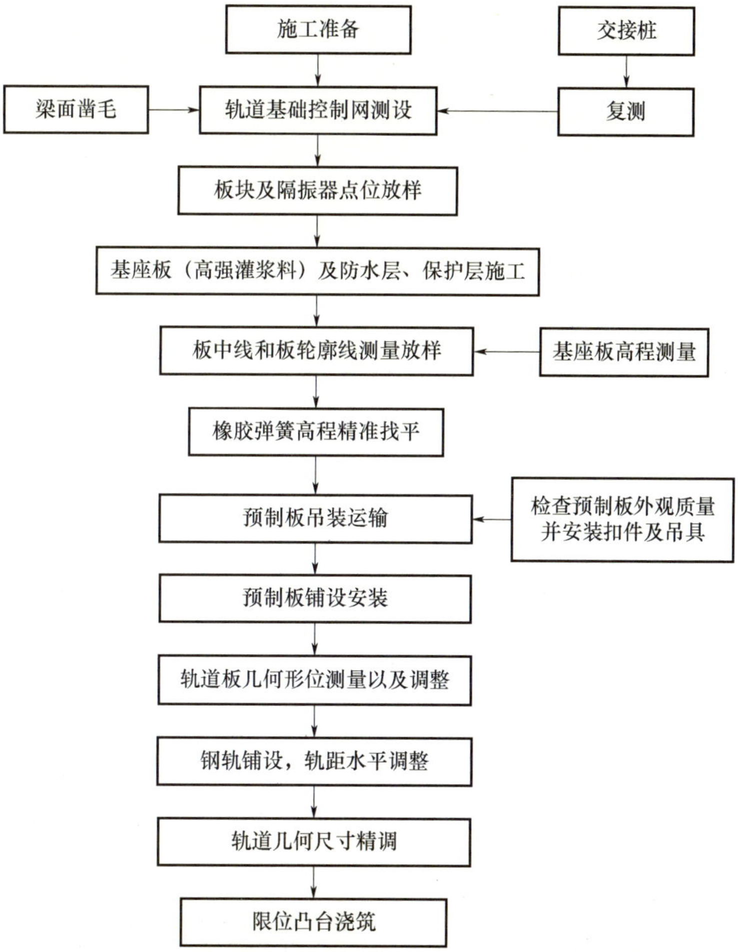

图3-2-4　施工工艺流程

2. 材料要求

提前组织工程正式材料进场，如钢轨、轨枕及扣配件等，计划材料应满足工程所需，碎石道床所需工程材料一次性进场；物资部组织相关部门及专业监理工程师进行进场验收，并及时抽样送检，满足要求后可投入工程使用。

3. 施工工艺操作

施工工艺操作见表 3-2-4。

表 3-2-4 施工工艺操作

施工顺序	1
工序名称	底座板范围内基底凿毛
施工照片	
施工质量标准	1. 验收依据 施工图纸及相关设计文件。 2. 作业控制要点 (1) 凿毛时需注意测量放置的控制钢筋，避免破坏。 (2) 凿毛的深度、间距，凿毛见新率应符合要求。 (3) 凿毛后应采用高压水枪或高压风将混凝土碎片、浮碴、尘土等清理干净。 3. 验收标准 (1) 凿毛的深度 10mm。 (2) 凿毛间距 100mm。 (3) 凿毛见新率应在 50%以上。 4. 注意事项 (1) 风镐或电镐操作时，不可将凿嘴对着人，因冲头可能会飞出而导致严重人身伤害。 (2) 凿毛过程中注意对电缆和风管的保护，防止凿破，从而造成意外伤害。 (3) 凿毛过程中，施工转移时，应同步移动电箱，严禁直接拖拉电缆线。

续表

施工顺序	2
工序名称	底座板绑扎
施工照片	
施工质量标准	1. 验收依据 （1）施工图纸及相关设计文件。 （2）《铁路混凝土工程施工质量验收标准》（TB 10424—2018）。 2. 作业控制要点 （1）钢筋网的中心位置，需放于底座板的中心。钢筋网片严格按照设计文件要求安装和加工，避免定位销与底板座钢筋冲突。 （2）钢筋保护层厚度需严格把关，钢筋网片底部采用水泥垫块支垫。 （3）施工时应先放样出定位销位置，再安装钢筋网片。 3. 验收标准 （1）受力钢筋排距偏差　±5mm （2）同一排中受力钢筋局部偏差　±20mm （3）分布钢筋间距绑扎偏差　±20mm （4）底座板下层混凝土保护层厚度与设计偏差　0～+5mm （5）底座板上层与四周混凝土保护厚度与设计偏差　0～+10mm 4. 注意事项 底座板施工时应严格控制钢筋网片加工精度及平面位置，保证定位销位置底座板无钢筋，避免定位销与钢筋冲突。

续表

<table>
<tr><td>施工顺序</td><td>3</td></tr>
<tr><td>工序名称</td><td>底座板模板安装</td></tr>
<tr><td>施工照片</td><td></td></tr>
<tr><td>施工质量标准</td><td>1. 验收依据
(1) 施工图纸及相关设计文件。
(2)《铁路混凝土工程施工质量验收标准》(TB 10424—2018)。
2. 作业控制要点
(1) 底座板位置要准确。
(2) 底座板的尺寸准确。
(3) 模板牢固。
(4) 底座板的线型平直。
(5) 模板安装稳固牢靠，接缝严密，不得漏浆，在浇筑混凝土时，不跑模、胀模。
3. 验收标准
(1) 底座板长×宽允许误差　＋10～－5mm
(2) 模板位置允许误差　5mm
(3) 模板高度允许误差　±5mm
(4) 模板平整度允许误差　5mm
4. 注意事项
(1) 底座板的模板需方正，不得歪斜。
(2) 模板立完以后需用线绳拉一下底座板的线型。
(3) 模板底部必须封堵严密，避免出现漏浆现象。</td></tr>
</table>

续表

<table>
<tr><td>施工顺序</td><td>4</td></tr>
<tr><td>工序名称</td><td>底座板混凝土浇筑</td></tr>
<tr><td>施工照片</td><td></td></tr>
<tr><td>施工质量标准</td><td>1. 验收依据
（1）依据施工图纸及相关设计文件。
（2）《铁路混凝土工程施工质量验收标准》（TB 10424—2018）。
2. 作业控制要点
（1）底座板浇筑时，应按照板块一次性浇筑成型。
（2）施工时应严格底座板顶面的高程及平整度。
（3）底座板结构采用支座灌浆料。
（4）底座板施工完毕后，对底座板表面进行压光抹面后，采用塑料油布进行遮盖。
（5）底座板表面应密实平整、颜色均匀，不得有漏筋、蜂窝、孔洞、疏松、麻面和缺棱掉角等缺陷。
3. 验收标准
（1）底座板面平整度允许误差　±2mm
（2）底座板标高允许误差　－5～＋10mm
4. 注意事项
（1）模板底部的空洞要提前用混凝土砂浆封堵，防止灌浆料漏出。
（2）混凝土浇筑完以后要及时养护，防止混凝土开裂。</td></tr>
</table>

续表

施工顺序	5
工序名称	防水涂料喷涂
施工照片	
施工质量标准	1. 验收依据 (1) 施工图纸及相关设计文件。 (2)《铁路桥梁混凝土桥面防水层》(TB/T 2965—2018)。 2. 作业控制要点 (1) 防水涂料的厚度需满足设计文件要求。 (2) 喷涂均匀，不允许出现漏喷或喷完出现气泡等质量通病。 (3) 站台板下墙阴角需加强防水材料处理。 3. 验收标准 防水涂料的厚度不小于 2.5mm。 4. 注意事项 (1) 限位凸台的底板不喷防水涂料。 (2) 喷涂料时不要遗漏预埋钢筋底部。

续表

施工顺序	6
工序名称	防水混凝土浇筑
施工照片	
施工质量标准	1. 验收依据 （1）施工图纸及相关设计文件。 （2）《铁路桥梁混凝土桥面防水层》（TB/T 2965—2018）。 2. 作业控制要点 （1）防水混凝土层排水坡严格控制，禁止出现积水状况。 （2）浇筑时注意底座板面的成品保护。 （3）在混凝土的浇筑过程中要掌握好混凝土的振捣时机，不可早振、漏振和过振，插入式振捣棒的操作要点：直上直下，快插慢拔；插点要均匀，切勿漏点插捣。振捣时间不少于 30s 并达到 3 个条件结束振捣：①混凝土表层开始泛浆；②不再冒泡；③混凝土表面不再下沉。 （4）混凝土结构表面应密实平整、颜色均匀，不得有漏筋、蜂窝、孔洞、疏松、麻面和缺棱掉角等缺陷。 3. 验收标准 （1）防水层设计要求采用 C40 细石纤维混凝土。 （2）混凝土的保护层大于 40mm。 4. 注意事项 （1）混凝土浇筑完以后桥面上不允许出现积水状况。 （2）浇筑时混凝土表面需增加收面次数。 （3）混凝土应在初凝前浇筑，浇筑前不得有初凝现象。

续表

施工顺序	7
工序名称	底座板上定位销和弹簧套筒安装
施工照片	
施工质量标准	1. 验收依据 施工图纸及相关设计文件。 2. 作业控制要点 (1) 定位销需安装于底座板中心位置。 (2) 控制定位销安装深度。 (3) 调整垫片的数量。 (4) 控制各种型号弹簧套筒摆放的位置。 (5) 控制弹簧套筒安装后的稳定性。 3. 验收标准 (1) 隔震器安装平面位置偏差 ±3mm (2) 隔震器的顶面高程偏差 ±2mm 4. 注意事项 (1) 使用电钻打孔时严禁将孔打偏、打斜。 (2) 需使每个隔震器的顶面高程都达到设计高程。

续表

施工顺序	8
工序名称	预制板铺设
施工照片	
施工质量标准	1. 验收依据 施工图纸及相关设计文件。 2. 作业控制要点 （1）落板时要控制板的方向、位置。 （2）吊板时钢丝绳需挂牢靠。 （3）落板时板与弹簧套筒的间距不允许太高。 （4）铺板时严格控制板的方向和板缝的间距。 （5）特殊板的位置和方向严禁放错。 （6）吊板时吊装工具要安装牢固。 3. 验收标准 （1）板缝的调整宽度 70～150mm。 （2）预制板中线与设计中心线的偏差±2mm。 （3）预制板落下后一定要检查每个隔震器是否都受力。 4. 注意事项 （1）吊装预制板时严禁破坏预制板棱角。 （2）在用小吊落板时下降速度应减速、匀速，发现偏差时立即校正。 （3）落预制板之前需提前用墨线弹出预制板的边线。 （4）预制板落下后需检查每个隔震器是否都受力。

续表

<table>
<tr><td>施工顺序</td><td>9</td></tr>
<tr><td>工序名称</td><td>预制板精调</td></tr>
<tr><td>施工照片</td><td></td></tr>
<tr><td>施工质量标准</td><td>1. 验收依据
施工图纸及相关设计文件。
2. 作业控制要点
(1) 预制板中线要定位准确。
(2) 提前测放道床板块线及线路中心线，定位线要准确。
(3) 用斜撑顶预制板方向时要在斜撑的端头垫方木，以防止把预制板顶破碎。
3. 验收标准
(1) 轨道板四角的承轨面水平 ≤±1mm
(2) 单侧承轨面中央翘曲量 ≤2mm
(3) 板底面平整度 ≤2mm/m
4. 注意事项
(1) 精调中严格安照要求进行拉线，保证所有板块中心线一致。
(2) 精调后再从侧边观测道床侧边线型，需保证线型平直。
(3) 预制板精调需采用专业工具，避免对预制板造成破损等。</td></tr>
</table>

续表

<table>
<tr><td>施工顺序</td><td>10</td></tr>
<tr><td>工序名称</td><td>安装钢轨、扣件</td></tr>
<tr><td>施工照片</td><td></td></tr>
<tr><td>施工质量标准</td><td>1. 验收依据
(1)《WJ-2A 型扣件组装图》。
(2)《铁路轨道工程施工质量验收标准》(TB 10413—2018)。
2. 作业控制要点
(1) 铁垫板上有箭头的一侧放于钢轨外侧。
(2) 安装时铁垫板上大螺栓的孔和承轨台上预留的孔对齐。
(3) 绝缘轨距块的安装应符合设计图纸要求。
(4) 螺栓必须涂油。
(5) 锚固螺栓要拧紧。
(6) 轨下胶垫和板下胶垫，必须满足放正、居中，严禁轨下胶垫有纵向窜动和露出钢轨边缘的现象。
3. 验收标准
(1) 锚固螺栓的拧紧扭矩 300N・m。
(2) 钢轨外侧安装 8 号绝缘轨距块，内侧安装 10 号绝缘轨距块。
(3) 在两种道床类型相接处轨缝要大于 5mm。
4. 注意事项
(1) 采用电动扳手上螺栓时严禁对螺栓表面的防锈层造成破坏。
(2) 铁垫板、轨距块严禁安装错误。
(3) 轨下、板下脚垫严禁漏放。</td></tr>
</table>

续表

<table>
<tr><td>施工顺序</td><td>11</td></tr>
<tr><td>工序名称</td><td>轨道精调</td></tr>
<tr><td>施工照片</td><td></td></tr>
<tr><td>施工质量标准</td><td>1. 验收依据
《地下铁道工程施工质量验收标准》（GB/T 50299—2018）。
2. 作业控制要点
（1）轨面、接头内侧应平（直）顺。
（2）全站仪自由设站技术要求及各项精度要求应符合轨排施工时的各项精度要求且每一测站最大测量距离不应大于70m。
（3）轨检小车测量步长：无砟轨道宜为间隔1个扣件间距。更换测站后，应重复测量上一测站测量的最后3个测点。
3. 验收标准
（1）轨道中心线允许偏差　±2mm
（2）轨道方向允许偏差　4mm（10m弦量）
（3）轨顶水平允许偏差　4mm
（4）轨顶高程允许偏差　±5mm
（5）轨顶高低允许偏差　4mm（10m弦量）
（6）轨距允许偏差　−2～+3mm，变化率不大于1‰
4. 注意事项
（1）扣件安装扭力矩是否满足要求。
（2）钢轨表面是否清理干净。
（3）轨距块是否安装到位。</td></tr>
</table>

续表

施工顺序	12
工序名称	限位凸台植筋
施工照片	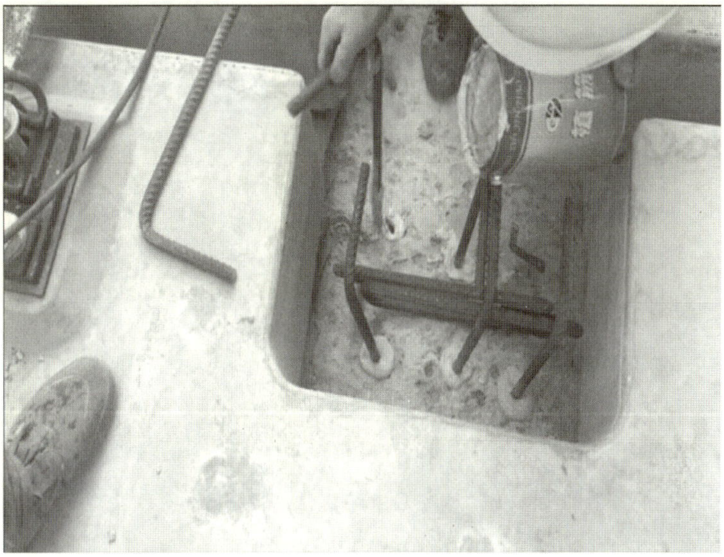
施工质量标准	1. 验收依据 （1）施工图纸及相关设计文件。 （2）《铁路混凝土工程施工质量验收标准》（TB 10424—2018）。 2. 作业控制要点 （1）限位凸台植筋深度应最少为 60mm，严禁出现植筋不稳固情况。 （2）植筋孔需利用风机进行清理，粉尘需清理完全。 （3）植筋胶需增加固化剂，植筋胶量需填充饱满。 （4）植筋间距不宜过大也不易过小。 （5）植筋时位置严格把关，确保保护层厚度，禁止植筋至凸台边缘位置。 3. 验收标准 植筋深度大于 60mm。 4. 注意事项 植筋时需考虑后续钢筋绑扎位置，避免与后续施工产生冲突。

续表

施工顺序	13
工序名称	限位凸台钢筋绑扎及弹性垫板安装
施工照片	
施工质量标准	1. 验收依据 (1) 施工图纸及相关设计文件。 (2)《铁路混凝土工程施工质量验收标准》(TB 10424—2018)。 2. 作业控制要点 (1) 凸台钢筋绑扎时注意绑扎钢筋间距、钢筋数量及绑扎位置。 (2) 凸台钢筋绑扎时所有钢筋交叉点需全部绑扎牢靠，需注意保护层厚度。 (3) 限位凸台弹性垫板安装时注意底部和上部的区分，垫板与板边的密贴。 (4) 弹性垫板内侧带圆柱一面放置于混凝土浇筑面，避免安装错误。 (5) 弹性垫板顶端与预制板道床顶面高度一致，禁止高出道床顶面或低于道床顶面，弹性垫板底部采用聚氨酯泡沫剂进行密封。 3. 验收标准 (1) 受力钢筋排距偏差　±5mm (2) 同一排中受力钢筋局部偏差　±20mm (3) 分布钢筋间距绑扎偏差　±20mm (4) 箍筋间距允许偏差　±10mm (5) 凸台下层混凝土保护层厚度与设计偏差　0～+5mm (6) 凸台上层与四周混凝土保护厚度与设计偏差　0～+10mm 4. 注意事项 (1) 凸台钢筋底部严禁直接贴于底面，需保证底部混凝土保护层大于35mm。 (2) 安放完成后顶部需加固，禁止出现浇筑时弹性垫板错位、不密贴及上浮情况。

续表

<table>
<tr><td>施工顺序</td><td>14</td></tr>
<tr><td>工序名称</td><td>限位凸台模板安装</td></tr>
<tr><td>施工照片</td><td>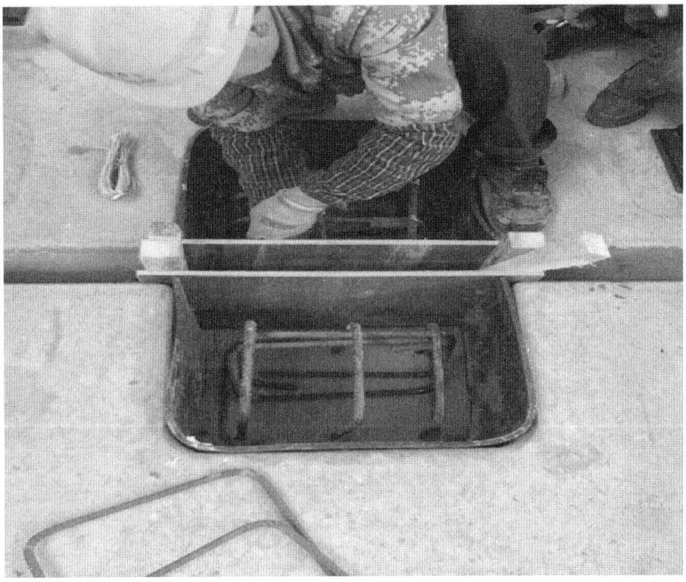</td></tr>
<tr><td>施工质量标准</td><td>1. 验收依据
(1) 施工图纸及相关设计文件。
(2)《铁路混凝土工程施工质量验收标准》(TB 10424—2018)。
2. 作业控制要点
(1) 模板与混凝土的接触面必须清理干净并均匀涂刷脱模剂。
(2) 模板安装稳固牢靠，接缝严密，不得漏浆，在浇筑混凝土时，不跑模、胀模。
(3) 模板支好后，应保证其方向平顺。
(4) 模板安装牢靠，严禁跑模。
3. 验收标准
(1) 模板位置允许误差　5mm
(2) 模板高度允许误差　±5mm
(3) 模板平整度允许误差　5mm
4. 注意事项
(1) 模板与混凝土的接触面必须刷脱模剂。
(2) 模板底部需加固牢靠，严禁跑模。</td></tr>
</table>

续表

施工顺序	15
工序名称	限位凸台浇筑混凝土
施工照片	
施工质量标准	1. 验收依据 (1) 施工图纸及相关设计文件。 (2)《铁路混凝土工程施工质量验收标准》(TB 10424—2018)。 2. 作业控制要点 (1) 在混凝土浇筑过程中，应及时检查模板情况。 (2) 施工过程中基底标高需严控，高度与道床应齐平。 (3) 在混凝土的浇筑过程中要掌握好混凝土的振捣时机，不可早振、漏振和过振，插入式振捣棒的操作要点：直上直下，快插慢拔；插点要均匀，切勿漏点插捣。振捣时间不少于 30s 并达到 3 个条件结束振捣：①混凝土表层开始泛浆；②不再冒泡；③混凝土表面不再下沉。 (4) 混凝土结构表面应密实平整、颜色均匀，不得有漏筋、蜂窝、孔洞、疏松、麻面和缺棱掉角等缺陷。 (5) 表面应增加收面次数，使表面光滑、平整，外观美观整齐。 3. 验收标准 平整度允许偏差　　5mm 4. 注意事项 浇筑过程中保证弹性垫板密贴预制板道床，弹性垫板与预制板道床之间禁止进入灰浆。

4. 质量控制要点

（1）底座板施工时应严格控制钢筋网片加工精度及平面位置，保证定位销位置底座板无钢筋，避免定位销与钢筋冲突。

（2）防水涂料需均匀，需避免漏喷。

（3）防水保护层需严格控制排水坡度。

（4）定位销打眼时禁止打歪。

（5）预制板铺设时严格控制道床板中心线与设计线路中心线的重合。

（6）预制板铺设完成后，应逐个隔震器进行检查。

（7）严格按照设计要求对限位凸台进行植筋，植筋时需对孔眼清理干净。

第五节　高架线隔离式减震垫整体道床施工

1. 施工工艺流程

施工工艺流程如图 3-2-5 所示。

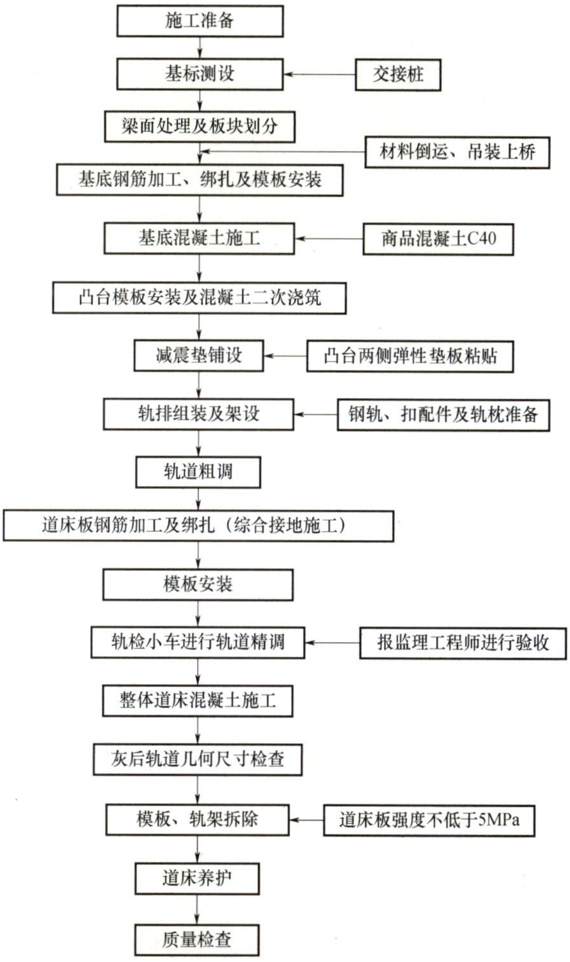

图 3-2-5　施工工艺流程

2. 材料要求

提前组织工程正式材料进场；同时对进场材料进行抽样检测并上报监理工程师验收，满足施工需求；物资部继续组织其他材料进场，保证工程施工连续性。

3. 施工工艺操作

施工工艺操作见表 3-2-5。

表 3-2-5　施工工艺操作

序号	1
施工工序	施工准备（对相关人员进行交底培训）
照片	
施工质量标准	1. 验收依据 施工图及相关设计文件等。 2. 作业控制要点 （1）组织现场调查和设计图纸会审，编写具有可行性的施工方案，并报监理工程师进行审批。 （2）施工前必须对所有参加人员进行交底培训，避免作业人员不知道相关技术标准及要求盲目进行施工，造成质量事故或遗留隐患的问题。 3. 验收标准 施工前期交底及技术准备资料归集齐全。 4. 注意事项 严格执行三级交底制度，施工前对所有施工人员进行交底培训： （1）由项目总工程师对所有管理人员进行一级交底（包含施工组织计划、相关标准要求）； （2）由工程部对负责现场施工的管理人员进行二级交底（包含设计技术要求、方案、作业指导书等）； （3）由技术员对现场一线的施工作业人员进行三级交底（包含技术交底及安全交底），交底内容简短明了，图文并茂，清楚说明设计意图及相关技术标准。

续表

序号	2
施工工序	基标测设
照片	
施工质量标准	1. 验收依据 （1）《城市轨道交通工程测量规范》（GB/T 50308—2017）。 （2）《轨道交通工程测量管理标准化手册》。 （3）《国家一、二等水准测量规范》（GB/T 12897—2006）。 2. 作业控制要点 （1）用于控制测量的全站仪的精度要达到相应等级控制测量的要求。 （2）测量前要对仪器按要求进行检定、校准；出发前要检查仪器电池的电量。 （3）在等级控制测量中，不能使用气象、倾斜、常数的自动改正功能，应把这些功能关闭，在测量数据中人工逐项改正。 3. 验收标准 （1）方向中观测允许误差　1.8″ （2）距离观测中允许误差　1mm （3）相邻点的相对中允许误差　1mm 4. 注意事项 （1）必须使用与仪器配套的反射棱镜测距。 （2）测量前要检查仪器参数和状态设置，如角度、距离、气压、温度的单位，最小显示、测距模式、棱镜常数、水平角和垂直角形式、双轴改正等。可提前设置好仪器，在测量过程中不再改动。 （3）手工记录以便检核各项限差，内存记录用于对照检查。

续表

<table>
<tr><td>序号</td><td>3</td></tr>
<tr><td>施工工序</td><td>梁面处理及板块划分</td></tr>
<tr><td>照片</td><td></td></tr>
<tr><td>施工质量标准</td><td>1. 验收依据
施工图及相关设计文件等。
2. 作业控制要点
(1) 整体道床板块划分前，需提前核对桥梁长度与设计桥梁长度是否存在偏差。
(2) 板块划分过程中，必须采用直角尺控制板块尺寸，确保板块线垂直于线路中心线；曲线段板块划分需考虑桥梁内外侧的桥梁长度差，平均均分至每板块中呈扇形布置。
(3) 板块边线依据加密基标进行推算。
3. 验收标准
桥梁范围内板缝宽度为 100mm，梁缝处根据桥梁宽度设置不得超过 200mm；桥面处理标准深度为 5～10mm，间距不大于 100mm，呈梅花桩为宜。
4. 注意事项
(1) 板块划分由桥梁下坡段向上坡段划分，道床板块设计依据设计文件板块布置要求。
(2) 根据实际桥梁长度布置板块，其中，板块长度不得小于 5 对短轨枕，最长不得大于 10 对短轨枕。
(3) 高架段加密基标距线路中心为 1.5m 时，道床边线距加密基标 0.4m。
(4) 凿毛过程中，梁面浮浆应全部处理完毕；在道床 2.2m 范围内进行密集凿毛。</td></tr>
</table>

续表

序号	4
施工工序	基底钢筋加工
照片	
施工质量标准	1. 验收依据 (1) 施工图及相关设计文件等。 (2)《铁路混凝土工程施工质量验收标准》(TB 10424—2018)。 (3)《铁路轨道工程施工质量验收标准》(TB 10413—2018)。 2. 作业控制要点 (1) 对照蓝图按照设计要求仔细编制及审核钢筋用量表、钢筋加工图。 (2) 钢筋使用前对弯曲的钢筋进行调直作业，由钢筋加工班按照设计要求和施工进度进行钢筋加工。 (3) 钢筋加工时应注意合理进行钢筋尺寸配尺，尽量减少浪费。 (4) 现场钢筋加工时需严格根据工程部提供的钢筋用量表、钢筋加工图、设计图纸及有关技术说明进行钢筋加工。 3. 验收标准 (1) 受力钢筋顺长度方向的净尺寸　±10mm (2) 弯起钢筋的弯折位置　±20mm (3) 箍筋内净尺寸　±3mm 4. 注意事项 钢筋加工时，需对钢筋使用的规格、尺寸及使用地段进行分类，做好标识，防止现场施工钢筋拉乱、混用。

续表

序号	5
施工工序	基底钢筋绑扎
照片	
施工质量标准	1. 验收依据 （1）施工图及相关设计文件等。 （2）《铁路混凝土工程施工质量验收标准》（TB 10424—2018）。 （3）《铁路轨道工程施工质量验收标准》（TB 10413—2018）。 2. 作业控制要点 （1）基底钢筋为网片状钢筋网，绑扎完成后需用混凝土垫块将钢筋网片垫起，保证基底底部保护层厚度。 （2）钢筋的交叉应用扎丝绑牢，以保证受力钢筋和弯起的位置准确以及钢筋间距的正确。 （3）每个限位凸台补植 9 根直径 12mm“7”形螺纹钢筋，植入深度 60mm，植筋时需将孔内灰尘清理干净再打入植筋胶。 （4）凸台位置需严格画线，并且植筋，绑扎标准，避免二次浇筑时保护层厚度不达标。 3. 验收标准 （1）受力钢筋排距偏差 ±5mm （2）同一排中受力钢筋局部偏差 ±20mm （3）分布钢筋间距绑扎偏差 ±20mm （4）箍筋间距允许偏差 ±10mm （5）道床下层混凝土保护层厚度与设计偏差 0～+5mm （6）道床上层与四周混凝土保护层厚度与设计偏差 0～+10mm 4. 注意事项 基底钢筋绑扎严格按照设计图纸尺寸使用相应规格钢筋及数量，且钢筋间距需满足规范要求。

续表

<table>
<tr><td>序号</td><td>6</td></tr>
<tr><td>施工工序</td><td>限位凸台植筋</td></tr>
<tr><td>照片</td><td></td></tr>
<tr><td>施工质量标准</td><td>1. 验收依据
(1) 施工图及相关设计文件等。
(2)《铁路混凝土工程施工质量验收标准》(TB 10424—2018)。
(3)《铁路轨道工程施工质量验收标准》(TB 10413—2018)。
2. 作业控制要点
(1) 限位凸台植筋深度应最少为 60mm，严禁出现植筋不稳固情况。
(2) 植筋孔需利用风机进行清理，做到无粉尘。
(3) 植筋胶需增加固化剂，植筋胶量需填充饱满。
(4) 植筋间距不宜过大也不宜过小。
(5) 植筋时位置严格把关，确保保护层厚度，禁止植筋至凸台边缘位置。
3. 验收标准
(1) 受力钢筋排距偏差　±5mm
(2) 同一排中受力钢筋局部偏差　±20mm
(3) 分布钢筋间距绑扎偏差　±20mm
(4) 箍筋间距允许偏差　±10mm
(5) 道床下层混凝土保护层厚度与设计偏差　0～+5mm
(6) 道床上层与四周混凝土保护层厚度与设计偏差　0～+10mm
4. 注意事项
(1) 凸台植筋需注意植筋深度，必须保证植筋后稳定牢靠。
(2) 植筋孔未清理干净严禁植筋施工。</td></tr>
</table>

续表

序号	7
施工工序	限位凸台钢筋绑扎
照片	
施工质量标准	1. 验收依据 (1) 施工图及相关设计文件等。 (2)《铁路混凝土工程施工质量验收标准》(TB 10424—2018)。 (3)《铁路轨道工程施工质量验收标准》(TB 10413—2018)。 2. 作业控制要点 (1) 凸台钢筋绑扎时注意绑扎间距、绑扎位置。 (2) 凸台钢筋数量需符合设计图纸要求。 (3) 凸台钢筋绑扎时需注意保护层厚度。 (4) 凸台钢筋绑扎时所有钢筋交叉点需全部绑扎牢靠。 (5) 凸台钢筋需与预埋筋绑扎牢靠。 (6) 凸台钢筋与基底钢筋接触位置需绑扎牢靠。 3. 验收标准 (1) 受力钢筋排距偏差 ±5mm (2) 同一排中受力钢筋局部偏差 ±20mm (3) 分布钢筋间距绑扎偏差 ±20mm (4) 箍筋间距允许偏差 ±10mm (5) 凸台下层混凝土保护层厚度与设计偏差 0～+5mm (6) 凸台上层与四周混凝土保护层厚度与设计偏差 0～+10mm 4. 注意事项 凸台钢筋不得靠模板太近，保护层需保证，严禁出现漏筋状况。

续表

<table>
<tr><td>序号</td><td>8</td></tr>
<tr><td>施工工序</td><td>基底模板安装</td></tr>
<tr><td>照片</td><td></td></tr>
<tr><td>施工质量标准</td><td>1. 验收依据
（1）施工图及相关设计文件等。
（2）《铁路混凝土工程施工质量验收标准》（TB 10424—2018）。
（3）《铁路轨道工程施工质量验收标准》（TB 10413—2018）。
2. 作业控制要点
（1）模板与混凝土的接触面必须清理干净并均匀涂刷脱模剂。
（2）模板安装稳固牢靠，接缝严密，不得漏浆，在浇筑混凝土时，不跑模、胀模。
（3）模板支好后，应保证其在线路方向上平顺，接头处必须平整，不得有明显的错位、鼓包等。
（4）板缝模板安装牢靠，严禁跑模。
3. 验收标准
（1）模板位置允许误差　5mm
（2）模板高度允许误差　±5mm
（3）模板平整度允许误差　5mm
4. 注意事项
（1）基底宽度严格按照道床宽度布置；
（2）模板接槎处或梁缝处，因桥梁长度原因，钢模板安装不满足时，可采用胶木板；胶木板外侧必须增加方木条进行加固，确保混凝土施工过程中不变形。
（3）基底施工完毕后，采用风机进行模板清理。</td></tr>
</table>

续表

<table>
<tr><td>序号</td><td>9</td></tr>
<tr><td>施工工序</td><td>基底混凝土浇筑</td></tr>
<tr><td>照片</td><td></td></tr>
<tr><td>施工质量标准</td><td>1. 验收依据
（1）施工图及相关设计文件等。
（2）《铁路混凝土工程施工质量验收标准》（TB 10424—2018）。
（3）《铁路轨道工程施工质量验收标准》（TB 10413—2018）。
2. 作业控制要点
（1）在混凝土浇筑过程中，应及时检查模板及支架的情况。
（2）施工过程中基底标高需严控，控制采用方法：在道床块两侧加密基标上标出灰面高度后使用水平尺上返 10cm，后在两侧加密基标间拉线，中部基底高度用钢板尺测量控制。
（3）在混凝土的浇筑过程中要掌握好混凝土的振捣时机，不可早振、漏振和过振，插入式振捣棒的操作要点：直上直下，快插慢拔；插点要均匀，切勿漏点插捣。振捣时间不少于 30s 并达到 3 个条件结束振捣：①混凝土表层开始泛浆；②不再冒泡；③混凝土表面不再下沉。
（4）混凝土结构表面应密实平整、颜色均匀，不得有漏筋、蜂窝、孔洞、疏松、麻面和缺棱掉角等缺陷。
3. 验收标准
（1）基底标高允许误差　　　　−5～+10mm
（2）平整度允许偏差　　　　5mm
4. 注意事项
混凝土应在初凝前浇筑，浇筑前不得有初凝现象。</td></tr>
</table>

续表

序号	10
施工工序	凸台模板安装及混凝土二次浇筑
照片	
施工质量标准	1. 验收依据 (1) 施工图及相关设计文件等。 (2)《铁路混凝土工程施工质量验收标准》(TB 10424—2018)。 (3)《铁路轨道工程施工质量验收标准》(TB 10413—2018)。 2. 作业控制要点 (1) 凸台模板施工前必须对模板表面进行清理，并涂油。 (2) 凸台模板安装位置，现场卡控模板内边距基底外边 860mm（两边尺寸相同)。 (3) 凸台混凝土施工采用高强砂浆，水灰比调配按照每袋灌浆料 3～3.25kg（6 瓶或 6.5 瓶矿泉水)。 (4) 凸台施工完毕后，对凸台表面进行压光抹面后，用塑料油布进行遮盖。 (5) 凸台表面应密实平整、颜色均匀，不得有漏筋、蜂窝、孔洞、疏松、麻面和缺棱掉角等缺陷。 (6) 凸台高度需要严格控制。 3. 验收标准 (1) 模板位置允许误差　　5mm (2) 模板高度允许误差　　±5mm (3) 模板平整度允许误差　　5mm 4. 注意事项 (1) 凸台模板尺寸不满足要求的，且误差大于 5mm 的应区分，严禁使用不规则模板。 (2) 凸台施工完成后需注意成品保护，避免影响后期道床施工。

续表

序号	11
施工工序	减震垫铺设
照片	
施工质量标准	1. 验收依据 施工图及相关设计文件等。 2. 作业控制要点 （1）减震垫间衔接的缝隙宽度应小于10mm，采用搭接条覆盖减震垫缝隙，然后用三排铆钉固定减震垫；在遇截面改变或过渡、检查坑、隔离墙、凹槽等特殊结构铺设情况时，垫层被切割成相应的形状，并用搭接条密封严密且无缝隙。 （2）减震垫铺设完成后，两边用橡胶密封边条密封，为防止杂物渗漏到减震垫下部，密封前采用土工布将减震垫上卷边缘进行包裹，包裹单面宽度不小于100mm；道床浇筑前密封条顶面采用泡沫板填塞，待道床浇筑完毕后清除，采用聚氨酯密封胶封顶。 （3）限位凸台与道床块间设置8mm后弹性垫板，浇筑前需严格粘贴至凸台周围，接槎处必须严密，无间隙，紧贴凸台，并采用万能胶及塑料胶带进行黏结，且凸台顶部必须黏结到位。 （4）减震垫尺寸严格按照道床板块尺寸布置，不得超出道床范围，铺设完成后铆钉必须安装到位，防止减震垫位移。 3. 验收标准 （1）减震垫间衔接的缝隙宽度应小于10mm。 （2）减震垫边缘包裹养生布，包裹单面宽度不小于100mm。 4. 注意事项 减震垫铺设完成后需检查各处缝隙是否填充，严禁减震垫下方流入混凝土。

续表

序号	12
施工工序	轨排组装及架设
照片	
施工质量标准	1. 验收依据 (1) 施工图及相关设计文件等。 (2)《铁路轨道工程施工质量验收标准》(TB 10413—2018)。 2. 作业控制要点 (1) 轨排组装按照不同桥梁长度板块划分尺寸，确定轨枕间距，曲线地段需考虑内外股钢轨伸缩量。 (2) 当遇到较大梁缝特殊地段时，梁端处扣件间距最大可控制在调整 680mm 范围内。 (3) 拼装轨排时应注意铁垫板及配件安放位置，不得摆放错误。螺旋道钉应严格按照规范进行涂油，在复紧螺栓时保证扭力达标。 (4) 轨排拼装好之后进行轨排架设，直线地段每 4 对轨枕间设置 1 个轨架，曲线地段 3 根轨枕间设置 1 个轨架，将各部螺栓拧紧，不得虚接。轨枕、支撑架如与预留管沟等重合时，前后适当调整，力求均匀。 (5) 轨枕间距划分严格按照外股钢轨长度进行布置，内轨根据曲线全长的缩短量平均分配在内股各轨枕间距内，形成扇形布置。 3. 验收标准 (1) 轨距允许偏差 +2～−1mm (2) 轨道中心线位置允许误差 5mm (3) 轨枕间距允许偏差 5mm 4. 注意事项 注意检查轨排支撑架支腿处减震垫是否取孔，是否采用养护棉包装严实及外套 PVC 套管，确保减震垫不流入混凝土，混凝土浇筑后支撑架支腿能从道床混凝土中取出。

续表

<table>
<tr><td>序号</td><td>13</td></tr>
<tr><td>施工工序</td><td>轨道粗调</td></tr>
<tr><td>照片</td><td></td></tr>
<tr><td>施工质量标准</td><td>1. 验收依据
（1）《高架线隔离式减震垫整体道床施工蓝图》。
（2）《铁路轨道工程施工质量验收标准》（TB 10413—2018）。
2. 作业控制要点
（1）轨排之间采用无缝接头夹板进行连接。
（2）先调水平，后调轨距。
（3）直线段支撑架应垂直线路方向，曲线段支撑架应垂直线路的切线方向。并将各部螺栓拧紧，不得虚接。轨枕、支撑架如与预留管沟等重合时，前后适当调整，力求均匀。
（4）定期用卷尺校验现场道尺及L尺，避免丈量工具误差太大。
（5）严格核对起道量资料，如有发现问题立即汇报，更正后重新下发劳务队。
（6）轨底坡严格按照1/35～1/45调整，不得出现反坡现象。
3. 验收标准
（1）轨距允许偏差　+2～−1mm
（2）轨道中心线位置允许误差　5mm
（3）轨道方向允许误差　±5mm
（4）轨顶高低差允许误差　±5mm
（5）轨底坡允许误差　1/30～1/50
4. 注意事项
注意校验现场丈量工具，避免工具误差过大，影响精调速度。</td></tr>
</table>

续表

序号	14
施工工序	道床板钢筋加工
照片	
施工质量标准	1. 验收依据 （1）施工图及相关设计文件等。 （2）《铁路混凝土工程施工质量验收标准》（TB 10424—2018）。 （3）《铁路轨道工程施工质量验收标准》（TB 10413—2018）。 2. 作业控制要点 （1）对照蓝图按照设计要求仔细编制及审核钢筋用量表、钢筋加工图。 （2）钢筋使用前对弯曲的钢筋进行调直作业，由钢筋加工班按照设计要求和施工进度进行钢筋加工。 （3）钢筋加工时应注意合理进行钢筋尺寸配尺，尽量减少浪费。 （4）现场钢筋加工时需严格根据工程部提供的钢筋用量表、钢筋加工图、设计图纸及有关技术说明进行钢筋加工。 3. 验收标准 （1）受力钢筋顺长度方向的净尺寸允许偏差　±10mm （2）弯起钢筋的弯折位置允许偏差　±20mm （3）箍筋内净尺寸允许偏差　±3mm 4. 注意事项 钢筋加工时，需对钢筋使用的规格、尺寸及使用地段进行分类，做好标识，防止现场施工钢筋拉乱、混用。

续表

<table>
<tr><td>序号</td><td>15</td></tr>
<tr><td>施工工序</td><td>道床板钢筋绑扎</td></tr>
<tr><td>照片</td><td></td></tr>
<tr><td>施工质量标准</td><td>1. 验收依据
（1）施工图及相关设计文件等。
（2）《铁路混凝土工程施工质量验收标准》（TB 10424—2018）。
（3）《铁路轨道工程施工质量验收标准》（TB 10413—2018）。
2. 作业控制要点
（1）曲线上的箍筋按相应的曲线钢筋绑扎，绑扎后的钢筋骨架应为梯形。
（2）钢筋的交叉应用扎丝绑牢，以保证受力钢筋和弯起的位置准确以及钢筋间距的正确。
（3）钢筋的绑扎应能保证钢筋网架的稳定，纵筋、横筋、立筋横平竖直。按设计要求及施工图纸布置钢筋网，做好钢筋的防窜措施。
3. 验收标准
（1）受力钢筋排距偏差 ±5mm
（2）同一排中受力钢筋局部偏差 ±20mm
（3）分布钢筋间距绑扎偏差 ±20mm
（4）道床下层混凝土保护层厚度与设计偏差 0～＋5mm
（5）道床上层与四周混凝土保护厚度与设计偏差 0～＋10mm
4. 注意事项
钢筋绑扎完成后、钢筋焊接之前及时调整钢筋两侧保护层厚度。</td></tr>
</table>

续表

序号	16
施工工序	杂散电流焊接施工
照片	
施工质量标准	1. 验收依据 （1）施工图及相关设计文件等。 （2）《城市轨道交通技术规范》（GB 50490—2009）。 2. 作业控制要点 （1）应根据钢筋型号、直径、接头形式和焊接位置，选择焊条、焊接工艺和焊接参数。 （2）焊接时，引弧应在垫板、帮条或形成焊缝的部位进行，电流不易过大以防烧伤主筋。 （3）纵向钢筋焊接时，要求同一截面 0.5m 范围内不允许出现 50%以上的焊接接头。焊接及钢筋布置：注意相临两根钢筋焊接接头位置不允许在同一截面 0.5m 范围同时存在。焊接形式采用双面焊接。困难时，可采用单面焊。 （4）在每根钢轨正下方道床内上部表层钢筋中选取 2 根纵向钢筋与轨道内上部表层横向钢筋焊接，作为道床排流条。 （5）排流端子高度严格控制，伸缩缝两侧端子需焊接于一个平面内。 3. 验收标准 （1）钢筋焊接焊缝长度，双面焊不应小于钢筋直径的 6 倍，单面焊不应小于钢筋直径的 12 倍，焊缝高度不小于 6mm。 （2）埋入式端子距道床边沿的距离不小于 60mm。 （3）同一截面 0.5m 范围内不允许出现 50%以上的焊接接头。 4. 注意事项 现场焊机施工过程中不得烧伤钢轨。

续表

序号	17
施工工序	模板安装
照片	
施工质量标准	1. 验收依据 （1）施工图及相关设计文件等。 （2）《铁路混凝土工程施工质量验收标准》（TB 10424—2018）。 2. 作业控制要点 （1）道床块两侧采用为 0.35m×3m 钢模，端头模板采用木模板固定，严格按照道床板块划分墨线进行安装，且与基底外观尺寸保持一致。 （2）模板安装要做到线型直顺，加固牢靠，确保整体道床混凝土施工过程中不跑模、不变形，道床外观质量直顺、满足要求，并涂刷脱模剂或清油。 （3）所有横向支撑设置位置需避开轨枕、钢轨架、钢轨。 （4）模板安装后，中间支撑模板应统一采用 60mm 宽方木支撑，且支撑点位不得少于 6 处，方木应支撑至板缝底部。 （5）模板安装完毕后，对道床板缝模板进行校正，板缝模板宽度应统一按照 10cm 控制，上部采用 10cm U 形钢筋卡控制。 3. 验收标准 （1）模板位置允许误差　5mm （2）模板高度允许误差　±5mm （3）模板平整度允许误差　5mm 4. 注意事项 模板不直顺部位采用钢筋头与道床板主筋进行焊接支撑，避免模板出现扭曲歪斜现象。

续表

<table>
<tr><td>序号</td><td>18</td></tr>
<tr><td>施工工序</td><td>轨检小车进行轨道精调</td></tr>
<tr><td>照片</td><td></td></tr>
<tr><td>施工质量标准</td><td>1. 验收依据
《铁路轨道工程施工质量验收标准》（TB 10413—2018）。
2. 作业控制要点
（1）小车线型专人严格编制，多人复核。
（2）精调过程中使用现场轨道尺寸检验专用工具进行，与加密基标、控制基标对照检查。如发现问题立即查明原因或上报，及时处理。
（3）在延长 18m 的距离范围内应无大于 1mm 三角坑。
（4）采集数据完成后，每根斜撑必须严格检查是否安装牢固，曲线下股斜撑必须加密。
3. 验收标准
（1）轨道中心线位置允许误差　5mm
（2）轨道方向允许误差　±1mm
（3）轨顶高低差允许误差　±1mm
（4）轨道高程允许误差　±5mm
（5）轨距允许误差　+2～−1mm
4. 注意事项
超高设计设置：类矩形隧道地段采用内轨降低超高值的一半、外轨抬高超高值的一半的办法设置（即半超高）；区间最大超高 120mm，车站有效站台范围最大超高 15mm；曲线超高在缓和曲线内递减，无缓和曲线时，在直线地段递减；超高顺坡率不宜大于 2‰，困难地段不应大于 2.5‰。</td></tr>
</table>

续表

序号	19
施工工序	整体道床混凝土施工
照片	
施工质量标准	1. 验收依据 （1）施工图及相关设计文件等。 （2）《铁路混凝土工程施工质量验收标准》（TB 10424—2018）。 2. 作业控制要点 （1）在混凝土浇筑过程中，应及时检查轨道的几何状态、模板及支架的情况。 （2）混凝土浇筑时应使混凝土自轨枕一侧向另外一侧自然流动，待混凝土充填轨枕底部振捣密实后，方可向前继续浇筑。 （3）在混凝土的浇筑过程中要掌握好混凝土的振捣时机，不可早振、漏振和过振，插入式振捣棒的操作要点：直上直下，快插慢拔；插点要均匀，切勿漏点插捣。振捣时间不少于30s并达到3个条件结束振捣：①混凝土表层开始泛浆；②不再冒泡；③混凝土表面不再下沉。 （4）混凝土结构表面应密实平整、颜色均匀，不得有漏筋、蜂窝、孔洞、疏松、麻面和缺棱掉角等缺陷。 （5）直线地段道床表面设置人字坡，坡度为≥1%，曲线地段道床表面设置单面坡，坡度随超高形成的横向坡度一致。 3. 验收标准 （1）道床轴线位置允许偏差　　10mm （2）蜂窝允许偏差　　长度不大于80mm，深度不大于8mm （3）高程允许偏差　　±10mm 4. 注意事项 混凝土应在初凝前浇筑，浇筑前不得有初凝现象。

续表

<table>
<tr><td>序号</td><td>20</td></tr>
<tr><td>施工工序</td><td>灰后轨道几何尺寸检查</td></tr>
<tr><td>照片</td><td>
</td></tr>
<tr><td>施工质量标准</td><td>1. 验收依据
（1）施工图及相关设计文件等。
（2）《铁路轨道工程施工质量验收标准》（TB 10413—2018）。
2. 作业控制要点
（1）轨道扣件、接头夹板螺栓应拧紧并涂油。
（2）直线和曲线段两股钢轨标高误差均不应大于 1mm。在延长 18m 距离内，不得有超过 1mm 的三角坑。
（3）每处轨架记录灰后轨底坡，对照数据研究规律，对后续施工做微动调整。
（4）对灰后几何尺寸做好记录，如发现大的偏差，立即整改。
3. 验收标准
（1）轨道中心线位置允许误差　5mm
（2）轨道方向允许误差　±1mm
（3）轨顶高低差允许误差　±1mm
（4）轨道高程允许误差　±5mm
（5）轨距允许误差　+2～−1mm
4. 注意事项
扣件恢复后需检查轨下垫板、轨距块及配件需安装到位。</td></tr>
</table>

续表

序号	21
施工工序	模板、轨架拆除
照片	
施工质量标准	1. 验收依据 (1) 施工图及相关设计文件等。 (2)《铁路混凝土工程施工质量验收标准》(TB 10424—2018)。 (3)《铁路轨道工程施工质量验收标准》(TB 10413—2018)。 2. 作业控制要点 (1) 当混凝土强度达到 5MPa 时，方准拆除钢轨支撑架及模板。 (2) 模板、工装拆除时应注意方式方法，严禁对道床边角造成破损或对表面造成划痕、损伤。 (3) 工装拆除完成后及时对工艺孔进行修补。 (4) 模板工装拆除完成后需将混凝土清理干净，避免清理到未浇筑道床内。 (5) 工装拆除后，需对工装配件及螺栓安装到位，避免丢失。 3. 验收标准 (1) 缺棱掉角　最大投影尺寸≤30mm (2) 弯曲允许偏差　3mm/m (3) 漏筋　不允许 4. 注意事项 日常工作中检查前一日成品道床上丝杠是否全部取出，如发现未取出的立即上报处理，避免影响轨道车正常运输。

续表

序号	22
施工工序	道床养护
照片	
施工质量标准	1. 验收依据 （1）施工图及相关设计文件等。 （2）《铁路混凝土工程施工质量验收标准》（TB 10424—2018）。 （3）《铁路轨道工程施工质量验收标准》（TB 10413—2018）。 2. 作业控制要点 （1）养护前将道床清理干净。 （2）养护时采用的养护棉需对道床全面覆盖。 （3）养护过程中，因天气原因需定时进行洒水，需保持养护棉处于湿润状态。 （4）养护时间至少 7d。 （5）养护棉之上加盖塑料油布。 3. 验收标准 （1）混凝土表面无可见裂纹。 （2）道床干净无杂物。 4. 注意事项 养护时及时将道床缺棱掉角位置修补。

续表

<table>
<tr><td>序号</td><td>23</td></tr>
<tr><td>施工工序</td><td>质量检查</td></tr>
<tr><td>照片</td><td></td></tr>
<tr><td>施工质量标准</td><td>1. 验收依据
（1）施工图及相关设计文件等。
（2）《铁路混凝土工程施工质量验收标准》（TB 10424—2018）。
（3）《铁路轨道工程施工质量验收标准》（TB 10413—2018）。
2. 作业控制要点
（1）混凝土强度应符合设计规定，并应无蜂窝、麻面和漏振。
（2）表面清洁，平整，变形缝直顺。
（3）轨道扣件、接头夹板螺栓应拧紧并涂油。
（4）直线和曲线段两股钢轨标高误差均不应大于1mm。在延长18m距离内，不得有超过1mm的三角坑。
3. 验收标准
（1）轨道中心线位置允许误差 5mm
（2）轨道方向允许误差 ±1mm
（3）轨顶高低差允许误差 ±1mm
（4）轨道高程允许误差 ±5mm
（5）轨距允许误差 +2～−1mm
4. 注意事项
扣件恢复后轨下垫板、轨距块及配件需安装到位。</td></tr>
</table>

4. 质量控制要点

（1）严格按照施工图纸板块大小进行布板弹线。

（2）车站两端如需要过渡，严格按照图纸铺设过渡减震垫。

（3）凿毛过程中，梁面浮浆应全部处理完毕；在道床 2.2m 范围内进行密集凿毛。

（4）凸台钢筋应与基底钢筋绑扎牢固。

（5）现场焊机施工过程中不得烧伤钢轨。

第三章　无缝线路钢轨焊接及应力放散、锁定施工

第一节　无缝线路钢轨焊接施工

1. 施工工艺流程

施工工艺流程如图 3-3-1 所示。

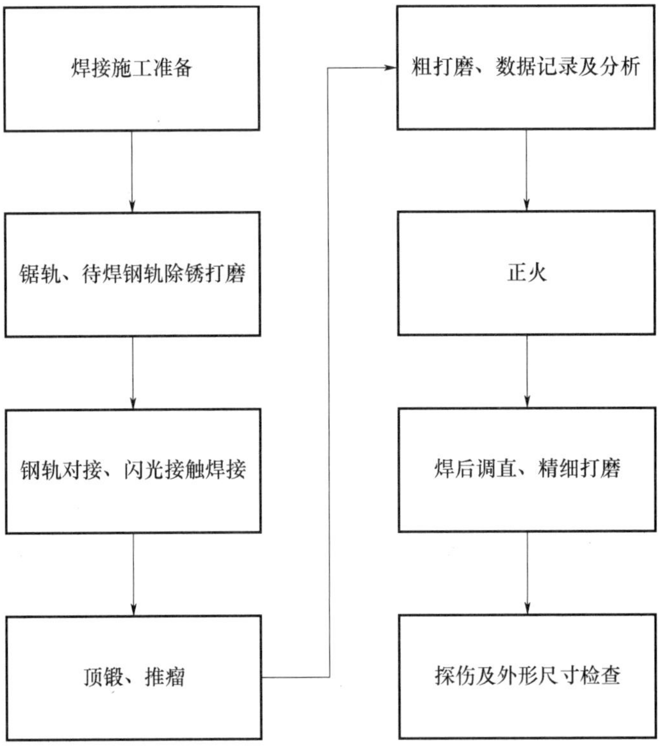

图 3-3-1　施工工艺流程

2. 材料要求

焊轨前必须按钢轨焊接接头技术条件非热处理钢《钢轨焊接》（TB/T 1632）中有关规定进行型式检验，确定焊机工艺参数，检验合格后方可施焊。

3. 施工工艺操作

施工工艺操作见表 3-3-1。

表 3-3-1 施工工艺操作

施工顺序	1
工序名称	焊接施工准备
施工照片	
施工质量标准	1. 验收依据 (1)《钢轨焊接 第 1 部分：通用技术条件》(TB/T 1632.1—2014)。 (2)《钢轨焊接 第 2 部分：闪光焊接》(TB/T 1632.2—2014)。 (3)《铁路轨道工程施工质量验收标准》(TB 10413—2018)。 2. 作业控制要点 (1) 进厂钢轨检验：①钢轨进场后采用龙门吊卸车，水平存放堆码，并对照“合格证”检查进场钢轨的钢种、型号；②检查钢轨外观有无硬弯、扭曲、裂纹、毛刺、折叠、重皮、夹渣、结疤、划痕、碰伤等缺陷；③对钢轨批次、炉号、长度进行记录；④存在缺陷的钢轨对其缺陷种类及部位、尺寸、进场日期等内容进行登记，缺陷超标的钢轨不得使用。 (2) 焊轨前必须按钢轨焊接接头技术条件非热处理钢《钢轨焊接》(TB/T 1632) 中有关规定进行型式检验，确定焊机工艺参数，检验合格后方可施焊。 3. 验收标准 钢轨闪光焊接型式检验应符合《钢轨焊接 第 2 部分：闪光焊接》(TB/T 1632.2—2014) 第 5.2 节规定。 4. 注意事项 钢轨焊头及其附近表面不得有裂纹、压痕、划伤碰伤等损伤。

续表

施工顺序	2
工序名称	拆除扣件、锯轨、待焊钢轨除锈打磨
施工照片	
施工质量标准	1. 验收依据 (1)《钢轨焊接 第1部分：通用技术条件》(TB/T 1632.1—2014)。 (2)《钢轨焊接 第2部分：闪光焊接》(TB/T 1632.2—2014)。 (3)《铁路轨道工程施工质量验收标准》(TB 10413—2018)。 2. 作业控制要点 (1) 拆扣件使用机具为专用扳手，每拆5个扣件保留1个，接头扣件不拆除。移动式钢轨焊接机进入作业区后，作业人员迅速拆除待焊接头10m及前1根25m长轨的轨枕扣件。焊轨机对位之后，处于焊接区域的橡胶垫板，应该临时拆除，防止焊轨时烧伤橡胶垫板，并采用3mm×450mm×1m铜板覆盖于轨枕上保护尼龙套管。按10m间距在前方钢轨下支垫滚筒，以便钢轨可以纵向移动焊接。 (2) 打磨时进给量适当，不得将表面打亏，不得出现发黑和发蓝现象。不得横向打磨，打磨时砂轮片不得跳动，打磨表面须光整、平顺。 (3) 轨端除锈是对焊钢轨端面和距离端面500mm范围内轨腰两侧表面除锈，使其露出90%以上的金属光泽。如果在此范围有凸出轨腰表面的厂标、生产日期、炉号、型号等符号必须同时磨平。 3. 验收标准 (1) 单元轨节始、终端左右股钢轨接头相错量不应大于40mm。 (2) 钢轨焊接接头应避开桥梁缝且不小于2m以上。 (3) 钢轨焊接接头位置应避开铁垫板且不小于10mm。 (4) 钢轨除锈打磨，要求联合接头轨底面、非工作面的打磨余量为0～0.5mm。对轨底角上表面打磨范围：轨底角上表面向内打磨宽度为45mm以上，纵向焊缝居中，向两边打磨宽度为85mm以上。 4. 施工注意事项 下雨天施工需对打磨完成后的钢轨接头部位做好防护措施。

续表

施工顺序	3
工序名称	钢轨对接、闪光接触焊接
施工照片	
施工质量标准	1. 验收依据 （1）《钢轨焊接 第 1 部分：通用技术条件》（TB/T 1632.1—2014）。 （2）《钢轨焊接 第 2 部分：闪光焊接》（TB/T 1632.2—2014）。 （3）《铁路轨道工程施工质量验收标准》（TB 10413—2018）。 2. 作业控制要点 （1）在钢轨下加楔子将两焊接轨端抬起 15cm 的高度并调平，便于焊机对位夹轨。 （2）钢轨道车推进移动焊轨车初定位，由吊机的液压系统吊起焊机精确定位，焊机夹紧钢轨并自动对正后自动焊接钢轨、顶锻并推除焊瘤，完成钢轨接头焊接后，移动焊机退出焊接位置。 （3）钢轨对接时需注意高低方向对好，避免出现高低差。 （4）钢轨焊接时需保证焊头前后 25m 钢轨平顺无扭曲。 3. 验收标准 钢轨闪光焊接生产检验应符合《钢轨焊接 第 2 部分：闪光焊接》（TB/T 1632.2—2014）第 5.3 节规定。 4. 注意事项 钢轨对接时下面需采用用滑轮将钢轨整根垫起来，便于焊接烧化时移动钢轨。

续表

<table>
<tr><td>施工顺序</td><td>4</td></tr>
<tr><td>工序名称</td><td>粗打磨、数据记录及分析</td></tr>
<tr><td>施工照片</td><td></td></tr>
<tr><td>施工质量标准</td><td>1. 验收依据
（1）《钢轨焊接 第 1 部分：通用技术条件》（TB/T 1632.1—2014）。
（2）《钢轨焊接 第 2 部分：闪光焊接》（TB/T 1632.2—2014）。
（3）《铁路轨道工程施工质量验收标准》（TB 10413—2018）。
2. 作业控制要点
（1）利用角磨机或砂轮机对焊缝及附近轨头顶面、侧面、轨底上表面和轨底边缘进行打磨；在打磨轨头时，平直度在焊缝两侧各 1m 范围内基本符合 0～0.5mm（以钢轨作用边为基准）。
（2）焊缝踏面部位热态时呈 0.5～1.0mm 的上拱量，在常温下不能打亏；轨底上表面焊缝两侧各 150mm 范围内及距离两侧轨底角边缘各 35mm 范围内应打磨平整；用砂轮打磨凸出量必须顺向打磨，严禁横向打磨。
（3）用打磨机进行打磨时，进刀量不得超过 0.2mm，打磨机沿钢轨纵向往返移动，待无火花时，再适当给进刀量。
（4）打磨机从轨顶逐渐向轨侧摆动，直至完成对钢轨轮廓的仿形打磨。为提高磨削效率，在该阶段可以选择深切、快移打磨。打磨时不准冲击和跳动，对母材的打磨深度不得超过 0.5mm；打磨面不得发黑、发蓝而应平整有光泽。
3. 验收标准
（1）焊接焊头轨顶面平直度允许偏差　　0～0.3mm
（2）焊接接头内侧工作面允许偏差　　0～±0.3mm
（3）焊轨底接接头允许偏差　　0～0.5mm
4. 注意事项
（1）钢轨粗打磨前要进行平直度检测，平直度差超过 1mm 的焊头，要先进行正火，正火后平直度差低于 1mm 以后再进行粗打磨。
（2）打磨前应使钢轨冷却，避免烫伤。</td></tr>
</table>

续表

<table>
<tr><td>施工顺序</td><td>5</td></tr>
<tr><td>工序名称</td><td>正火</td></tr>
<tr><td>施工照片</td><td></td></tr>
<tr><td>施工质量标准</td><td>1. 验收依据
(1)《钢轨焊接 第1部分：通用技术条件》(TB/T 1632.1—2014)。
(2)《钢轨焊接 第2部分：闪光焊接》(TB/T 1632.2—2014)。
(3)《铁路轨道工程施工质量验收标准》(TB 10413—2018)。
2. 作业控制要点
(1) 焊头平直度不达标的要着重进行正火，正火之后立即量取平直度是否达标。
(2) 焊头正火可采用电子正火仪或使用火焰加热器对焊接接头进行加热，正火温度的测量使用光电测温仪，光电测温仪在使用前应进行检定，确保性能正常，测量数据准确。
(3) 正火加热起始阶段轨头表面中心线温度应在500℃以下，加热终了轨头表面中心线温度应为880～920℃，加热宽度50mm±10mm，轨底脚加热温度宜采用800～850℃。必须严格执行型式试验确定的钢轨正火工艺参数。
(4) 光电测温仪探头应垂直被测钢轨表面，每次测量接触时间≤3s。光电测温仪应轻拿轻放，以防探头损伤，若光电测温仪探头污染，及时用酒精清洗。
(5) 正火加热结束应随即进入焊后强冷阶段，实验确定的焊后欠速淬火工艺参数必须严格执行。
3. 验收标准
(1) 正火加热起始温度应低于500℃。
(2) 轨头加热温度900℃，轨底脚加热温度800～850℃，加热宽度50mm。
4. 注意事项
氧气、乙炔存放距离不得小于5m，距离明火不得小于10m，确保现场使用安全受控。</td></tr>
</table>

续表

施工顺序	6
工序名称	焊后调直、精细打磨
施工照片	
施工质量标准	1. 验收依据 （1）《钢轨焊接 第1部分：通用技术条件》（TB/T 1632.1—2014）。 （2）《钢轨焊接 第2部分：闪光焊接》（TB/T 1632.2—2014）。 （3）《铁路轨道工程施工质量验收标准》（TB 10413—2018）。 2. 作业控制要点 （1）联合接头细磨作业应先检查上道工序质量。打磨前应测量焊缝两侧500mm范围内水平和垂直方向的平直度，确定合适的打磨量，然后对焊缝两侧400mm范围的轨顶面和工作侧面进行仿型打磨。 （2）细磨作业要求焊缝两侧400mm范围内轨头表面和内侧工作面的平直度应为0～0.3mm/m（应考虑实际轨温），同时打磨面应平顺光整，圆弧过渡轮廓应圆顺，不得有明显的突出和棱角，工作面表面粗糙度≤12.5μm。 （3）当用打磨机进行打磨时，应选择较小的切削深度并沿钢轨纵向缓慢移动，从而达到表面粗糙度要求。 3. 验收标准 （1）焊接焊头轨顶面平直度允许偏差　0～0.3mm （2）焊接接头内侧工作面允许偏差　0～±0.3mm （3）焊轨底接接头允许偏差　0～0.5mm 4. 注意事项 在焊接接头细磨过程中，要防止焊接接头过低或过高，高接头大于0.8mm时，必须对焊接接头进行正火处理，避免打磨量超过规范要求。

续表

施工顺序	7
工序名称	探伤及外形尺寸检查
施工照片	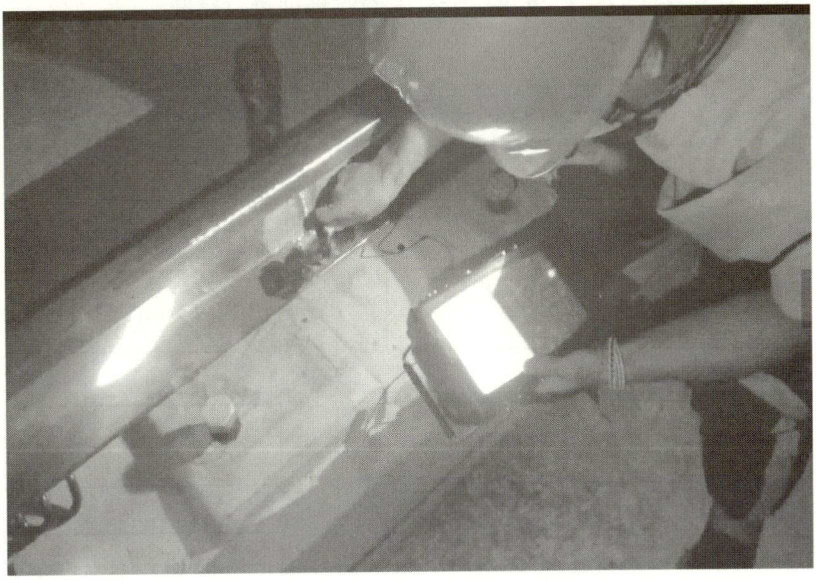
施工质量标准	1. 验收依据 (1)《钢轨焊接 第 1 部分：通用技术条件》(TB/T 1632.1—2014)。 (2)《钢轨焊接 第 2 部分：闪光焊接》(TB/T 1632.2—2014)。 (3)《铁路轨道工程施工质量验收标准》(TB 10413—2018)。 2. 作业控制要点 (1) 接头探伤执行《钢轨焊接》(TB/T 1632) 的有关规定。探伤时焊缝温度应冷却到 40℃以下。每班作业之前必须进行基线校准和灵敏度测试。探测面应无锈蚀和焊渣，打磨面应平顺、光滑，打磨范围应满足探伤扫查的需求，且需注足耦合剂。探测轨头和轨底角的缺陷，运用偏 20°的二次波，探测轨头两侧上方的缺陷，采用偏角扫查方式，加强对轨角边缘和变坡点下方缺陷的探测；轨底三角区探测，其探头移动量应大于 120mm；轨腰探测，斜探头移动量应大于 220mm；直探头探测焊缝中心时应适当移动，发现可疑波形，应调节灵敏度进行检查。做到一看波形显示、二量水平距离、三做波形分析、四定缺陷性质，以防误判或漏检。 (2) 认真填写《钢轨焊接接头探伤检查记录表》。钢轨接头检验发现质量问题，必须及时报告现场指挥员，以确定处置办法。处理后仍不符合要求，应锯开重焊。经检验质量合格的接头，喷焊接接头流水号，由质检员填写《钢轨焊接接头外观质量检查记录表》。《钢轨焊接接头探伤检查记录表》和《钢轨焊接接头外观质量检查记录表》由工程技术部保存。 3. 验收标准 钢轨探伤应符合《钢轨焊接 第 2 部分：闪光焊接》(TB/T 1632.2—2014) 中第五章的规定。 4. 注意事项 钢轨探伤应进行两遍探伤，防止个别探头检测不准确。

4. 质量控制要点

（1）钢轨焊接时需将所有扣件拆除，并将 25m 钢轨放平顺，严禁出现硬弯。

（2）钢轨焊接时不得将接头垫太高，避免出现高接头。

（3）焊接接头打磨严格按照平直度验收标准进行精磨。

第二节　无缝线路应力放散、锁定施工

1. 施工工艺流程

施工工艺流程如图 3-3-2 所示。

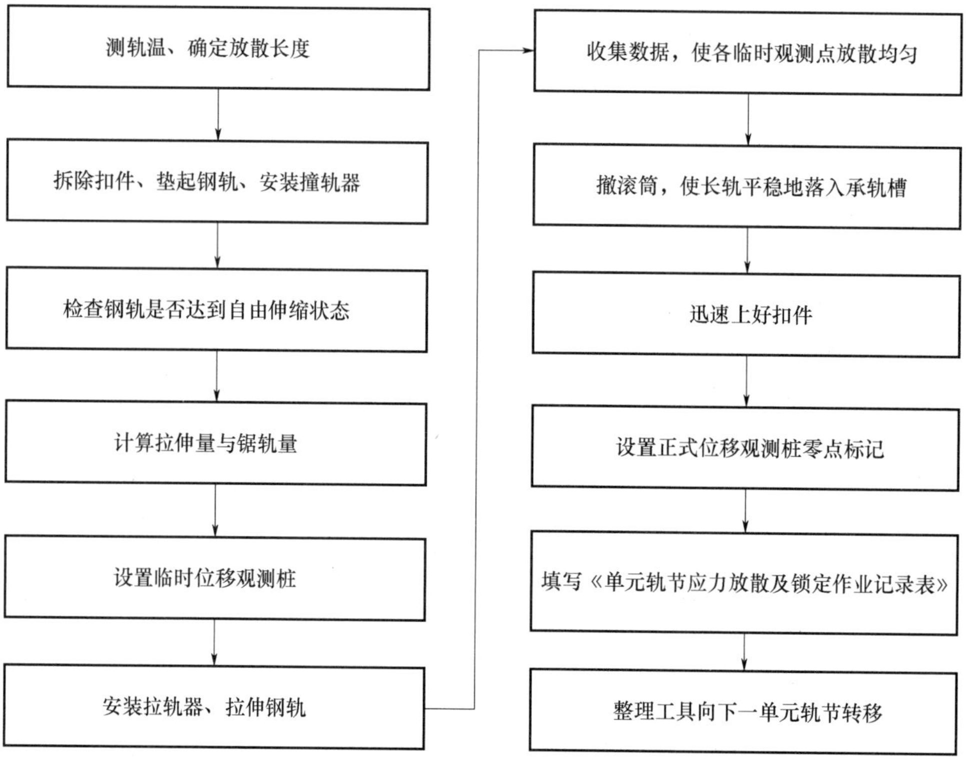

图 3-3-2　施工工艺流程

2. 材料要求

需采购温度、规格相同的轨温计，采购放散专用滚筒。机械部准备拉轨器及撞轨器。

3. 施工工艺操作

施工工艺操作见表 3-3-2。

表 3-3-2 施工工艺操作

施工顺序	1
工序名称	测轨温、确定放散长度
施工照片	
施工质量标准	1. 验收依据 (1)《钢轨焊接 第 1 部分：通用技术条件》(TB/T 1632.1—2014)。 (2)《钢轨焊接 第 2 部分：闪光焊接》(TB/T 1632.2—2014)。 (3)《铁路轨道工程施工质量验收标准》(TB 10413—2018)。 (4)《铁路无缝线路设计规范》(TB 10015—2012)。 (5) 依据施工图及相关设计文件要求。 2. 作业控制要点 (1) 测量轨温，在单元轨节两端分别用两块轨温表测量钢轨温度，轨温表须贴在钢轨轨腰背光处。 (2) 作业时需将所有轨温计放于同一块进行校正，避免轨温计误差过大，导致计算拉伸量不准确。 (3) 轨温计刚贴于钢轨不得读数，应等待几分钟后读取准确数据。 3. 验收标准 (1) 无缝线路应力放散及锁定施工过程中，锁定轨温严格按照设计文件要求执行。 (2) 相临单元轨节锁定温差不大于 5℃，同一区间单元轨节最高与最低锁定温差不大于 10℃，左右股温差不大于 5℃。 4. 注意事项 (1) 线路锁定作业要严格控制轨温，随时注意轨温变化。 (2) 线路锁定时左右股钢轨温度应尽量相同。 (3) 最大轨温变化幅度不超过 100℃。

续表

施工顺序	2
工序名称	拆除扣件、垫起钢轨、安装撞轨器
施工照片	
施工质量标准	1. 验收依据 (1)《钢轨焊接 第1部分：通用技术条件》(TB/T 1632.1—2014)。 (2)《钢轨焊接 第2部分：闪光焊接》(TB/T 1632.2—2014)。 (3)《铁路轨道工程施工质量验收标准》(TB 10413—2018)。 (4)《铁路无缝线路设计规范》(TB 10015—2012)。 2. 作业控制要点 (1) 拆除本单元轨节和后面已锁无缝线路末端25～75m长度范围内的所有扣件。 (2) 每个小组分别用压机从各自管辖范围的两端向中间抬起钢轨，每隔10m（17根轨枕）在轨底垫一个滚筒，使得轨底高出橡胶垫110mm。 (3) 在线路放散全长范围内均匀设置2个撞轨点，并沿放散方向撞击钢轨数次。同时用大锤敲击钢轨，使钢轨能够自由伸缩。敲轨时人员均匀分布在钢轨两侧，边走边敲。 (4) 当钢轨端发生反弹，则视为钢轨达到自由伸缩状态，此时停止撞轨。否则，应检查滚筒有无倾斜、脱落，钢轨有无落槽以及撞轨不够等现象。 3. 验收标准 所有弹条轨距块全部拆除完毕，钢轨处于自由状态。 4. 注意事项 (1) 撞轨器安装一定要牢固，使用前仔细检查。 (2) 拉动撞轨器时后面需两个人同时拉住绳子，使绳子绷紧跟随撞轨器移动。

续表

施工顺序	3
工序名称	计算拉伸量与锯轨量
施工照片	
施工质量标准	1. 验收依据 (1)《钢轨焊接 第 1 部分：通用技术条件》(TB/T 1632.1—2014)。 (2)《钢轨焊接 第 2 部分：闪光焊接》(TB/T 1632.2—2014)。 (3)《铁路轨道工程施工质量验收标准》(TB 10413—2018)。 (4)《铁路无缝线路设计规范》(TB 10015—2012)。 (5) 施工图及相关设计文件要求。 2. 作业控制要点 (1) 计算拉伸量与锯轨量。 (2) 锯轨时严格按操作程序进行，需考虑焊轨时钢轨烧化量。 (3) 两个单元轨节之间的轨缝需设置在轨枕正中间，并考虑钢轨烧化量 3cm。 3. 验收标准 (1) 钢轨焊缝距离铁垫板 10cm 以上。 (2) 钢轨焊缝距梁缝 2m 以上。 4. 注意事项 锯轨时注意用东西遮挡火星，防止火星飞溅，引起火灾。

续表

施工顺序	4
工序名称	设置临时位移观测桩
施工照片	
施工质量标准	1. 验收依据 (1)《钢轨焊接 第1部分：通用技术条件》(TB/T 1632.1—2014)。 (2)《钢轨焊接 第2部分：闪光焊接》(TB/T 1632.2—2014)。 (3)《铁路轨道工程施工质量验收标准》(TB 10413—2018)。 (4)《铁路无缝线路设计规范》(TB 10015—2012)。 2. 作业控制要点 (1) 在单元轨节两端及中间每隔100m在钢轨上设一临时位移观测点，以观测钢轨在拉伸过程中位移量是否均匀。临时位移观测桩采用石笔在轨枕预埋件和钢轨轨腰上刻画竖线，通过竖线的相错量来确定拉伸量。 (2) 临时位移观测桩需打准确，避免误差太大。 (3) 临时位移观测桩应清晰可见，避免拉伸后找不到原点。 (4) 设置位移观测点时找好参考点，用直角尺底部平行轨枕处打点。 3. 验收标准 临时位移观测点清晰准确。 4. 注意事项 观测点要清晰，石笔画线要细，避免读数误差。

续表

<table>
<tr><td>施工顺序</td><td>5</td></tr>
<tr><td>工序名称</td><td>安装拉轨器、拉伸钢轨</td></tr>
<tr><td>施工照片</td><td></td></tr>
<tr><td>施工质量标准</td><td>1. 验收依据
（1）《钢轨焊接 第 1 部分：通用技术条件》（TB/T 1632.1—2014）。
（2）《钢轨焊接 第 2 部分：闪光焊接》（TB/T 1632.2—2014）。
（3）《铁路轨道工程施工质量验收标准》（TB 10413—2018）。
（4）《铁路无缝线路设计规范》（TB 10015—2012）。
2. 作业控制要点
（1）拉伸钢轨，同时测量轨温。拉轨的同时配合撞轨，拉伸量达到预定长度且已锁无缝线路末端零点归零后，停止拉轨，此时撞轨器仍继续撞轨，当钢轨末端出现反弹时，停止撞轨，拉轨器保压，在锁定作业完成之前不得因拉轨器的失压而使轨端出现位移。
（2）收集各临时观测点位移量数值，与理论数值比较，如发现不均匀点，继续撞轨，并在此点前后进行重点敲击，再次收集记录各临时观测点位移量数值与理论值比较，直至放散均匀后方准进行下一道工序。
3. 验收标准
（1）本工程高架桥设计锁定轨温为（30±4)℃，U 形槽碎石道床地段设计锁定轨温为（30±5)℃，地下线设计锁定轨温为（25±5)℃。
（2）钢轨拉伸长度按公式 $\Delta l=\alpha L\Delta t$ 计算。
4. 注意事项
无缝线路有下列情况之一者，应放散或调整应力后重新锁定，并使其符合设计要求。①实际锁定轨温超过设计锁定轨温允许范围。②钢轨产生不正常的过量伸缩。③无缝线路固定区钢轨出现严重的不均匀位移。④原因不明或施工时未按设计规定锁定线路。</td></tr>
</table>

续表

施工顺序	6
工序名称	恢复扣件，设置正式位移观测桩
施工照片	
施工质量标准	1. 验收依据 （1）《钢轨焊接 第1部分：通用技术条件》（TB/T 1632.1—2014）。 （2）《钢轨焊接 第2部分：闪光焊接》（TB/T 1632.2—2014）。 （3）《铁路轨道工程施工质量验收标准》（TB 10413—2018）。 （4）《铁路无缝线路设计规范》（TB 10015—2012）。 2. 作业控制要点 （1）撤滚筒时需使长轨平稳地落入承轨槽。 （2）迅速上好距单元轨节末端25m范围内的全部扣件。 （3）在单元轨节的末端设临时位移观测零点，以观测钢轨末端位移回弹量，在放散下一根单元轨节时此点必须归零。 （4）扣件需隔二上一，上完后即可将拉伸器取掉。 （5）设置正式位移观测桩零点标记。在位移观测桩与轨头外侧相对应处，做出清晰的、规范的标记。 （6）本单元轨节两根钢轨全部放散完后，补齐所有扣件。 3. 验收标准 （1）位移观测桩应设置齐全、牢固、不易损坏且易于观察。 （2）相邻单元轨节锁定温差不大于5℃，同一区间单元轨节最高与最低锁定温差不大于10℃，左右股温差不大于5℃。 （3）伸缩区位移量不大于20mm，固定区位移量不大于5mm。 4. 注意事项 必须在确认放散均匀后方可锁定扣件，上扣件时必须清理轨下橡胶垫上的杂物，并将轨下橡胶垫摆放正确，确保上完扣件后，轨下橡胶垫板不歪斜、不外窜。

4. 质量控制要点

(1) 应力放散过程中需检查单元轨节内所有扣件拆除完成，且钢轨底部与垫板无接触，处于自由状态。

(2) 线路锁定作业要严格控制轨温，随时注意轨温变化。

(3) 线路锁定时尽量保证左右股钢轨温度相同。

(4) 各观测点需观测准确。

第四章　铺轨质量检测及工程验收

第一节　铺轨质量检测

铺轨质量验收要求如下：

（1）地铁铺轨工程施工质量应符合相关专业验收规范的规定。

（2）地铁铺轨工程施工应符合工程勘察、设计文件的要求。

（3）参加工程施工质量验收的各方人员应具备规定的资格。

（4）工程质量的验收均应在施工单位自行检查评定的基础上进行。

（5）隐蔽工程在隐蔽前应由施工单位通知有关单位进行验收，并应形成验收报告。

（6）涉及结构安全的试块、试件及有关资料，应按规定进行见证取样检测。

（7）检验批的质量应按主控项目和一般项目验收。

（8）对涉及结构安全和使用功能的重要分部工程应进行抽样检测。

（9）承担见证取样检测及有关结构安全检测的单位应具备相应资质。

（10）工程的观感质量应由验收人员通过现场检查，并应共同确认。

第二节　工程验收

（1）完成项目要求的各项内容。

（2）有一套完整的、原始的技术档案和施工管理资料。

（3）有勘察、设计、施工、监理等单位分别签署的质量合格文件。

（4）有施工单位签署的工程保修书。

（5）建设单位已取得政府档案部门出具的工程档案认可文件。

（6）规划行政主管部门出具的认可文件。

（7）公安消防等部门出具的认可文件或准许使用文件。

（8）质监站责令整改的问题已全部整改完毕。

（9）该项目顺利开通试运行，各项指标达到使用条件或满足生产要求。

参考文献

[1] 中华人民共和国住房和城乡建设部．地下铁道工程施工质量验收标准：GB/T 50299—2018 [S]．北京：中国建筑工业出版社，2018

[2] 中华人民共和国住房和城乡建设部．建筑地基基础工程施工质量验收标准：GB 50202—2018 [S]．北京：中国计划出版社，2018.

[3] 中华人民共和国住房和城乡建设部．电气装置安装工程 接地装置施工及验收规范：GB 50169—2016 [S]．北京：中国计划出版社，2017.

[4] 中华人民共和国住房和城乡建设部．通风与空调工程施工质量验收规范：GB 50243—2016 [S]. 北京：中国计划出版社，2016.

[5] 中华人民共和国建设部，国家质量监督检验检疫总局．建筑给水排水及采暖工程施工质量验收规范：GB 50242—2002 [S]．北京：中国标准出版社，2004.

[6] 中华人民共和国住房和城乡建设部．火灾自动报警系统施工及验收标准：GB 50166—2019 [S]. 北京：中国计划出版社，2019.

[7] 中华人民共和国住房和城乡建设部．城市轨道交通综合监控系统工程技术标准：GB/T 50636—2018 [S]．北京：中国建筑工业出版社，2018.

[8] 中华人民共和国住房和城乡建设部．地铁设计规范：GB 50157—2013 [S]．北京：中国建筑工业出版社，2013.

[9] 中华人民共和国住房和城乡建设部．地下工程防水技术规范：GB 50108—2008 [S]．北京：中国计划出版社，2008.

[10] 中华人民共和国住房和城乡建设部．地下防水工程质量验收规范：GB 50208—2011 [S]．北京：中国建筑工业出版社，2011.

[11] 张雁，黄宏伟，胡群芳．《城市轨道交通地下工程建设风险管理规范》GB 50652—2011 编制介绍 [J]．施工技术，2012，41 (1)：99-106.

[12] 朱瑶宏．宁波轨道交通土建工程初期建设的关键技术 [M]．上海：同济大学出版社，2014.

[13] 中华人民共和国住房和城乡建设部．建筑变形测量规范：JGJ 8—2016 [S]．北京：中国建筑工业出版社，2016.

[14] 中华人民共和国住房和城乡建设部．建筑基坑支护技术规程：JGJ 120—2012 [S]．北京：中国建筑工业出版社，2012.

[15] 中华人民共和国住房和城乡建设部．建设工程施工现场供用电安全规范：GB 50194—2014 [S]．北京：中国计划出版社，2014.

[16] 陈斌，张栋梁，张春进，等．宁波深厚软土动力特性研究及其地震响应分析 [J]．地震工程学报，2016，38 (3)：338-342.

[17] 何山．宁波软土地质盾构推进过程地表三维变形规律分析研究 [J]．中国工程咨询，2018 (2)：56-62.

[18] 朱瑶宏，张付林，何山．地下工程安全风险智能化监测与管控 [M]．北京：人民交通出版

社，2018.

［19］钱方杰．建筑施工信息化发展趋势与对策［J］．科技资讯，2011（02）：76.

［20］何山，阮大伟，石雷．轨道交通工程风险分级管控和隐患排查治理双重预防机制实施指南［M］．北京：中国建材工业出版社，2020.

［21］中华人民共和国住房和城乡建设部．城市轨道交通工程监测技术规范：GB 50911—2013［S］. 北京：中国建筑工业出版社，2013.